IL QUADRIFOGLIO TEDESCO
Collana diretta da Karin Birge Gilardoni-Büch e Marco Castellari

Comitato scientifico
Eva Banchelli, Marco Castellari, Karin Birge Gilardoni-Büch,
Micaela Latini, Daniela Nelva, Michele Sisto

Collana scientifica di testi e studi relativi alla lingua, cultura e letteratura di lingua tedesca moderna e contemporanea.

Le monografie sono sottoposte a *double-blind peer review*.

Sezioni

- Letteratura contemporanea
- Storia, cultura e società
- Saggistica e critica
- *DaF* | Didattica del tedesco
- Fuori collana

Indirizzo per proposte editoriali: quadrifogliotedesco@tiscali.it

www.mimesisedizioni.it

Karin Birge Gilardoni-Büch
ha conseguito il titolo di dottore di ricerca presso la Friedrich-Schiller-Universität di Jena e insegna Lingua tedesca presso il Corso di laurea in Lingue e letterature straniere dell'Università degli Studi di Milano.

Marco Castellari
è professore associato presso il Dipartimento di Lingue e letterature straniere dell'Università degli Studi di Milano, dove insegna Letteratura tedesca e Storia del teatro tedesco.

Roland Schimmelpfennig

IL REGNO DEGLI ANIMALI

Traduzione italiana e cura di Valentina Gianola

Con una introduzione di Raul Calzoni e
una postfazione di Elena Agazzi

MIMESIS

Realizzato con il contributo del Progetto "Excellence Initiatives" di Ateneo "Knowledge Dissemination in the Western Hemisphere: Translation, Teaching and Cultural Processes" del Dipartimento di Lingue, Letterature e Culture Straniere dell'Università degli Studi di Bergamo.

Titolo originale: *Das Reich der Tiere*
tratto da *Trilogie der Tiere* by Roland Schimmelpfennig
© S. Fischer Verlag GmbH 2007

Il quadrifoglio tedesco n. 37
http://mimesisedizioni.it/libri/narrativa-linguistica-studi-letterari/il-quadrifoglio-tedesco.html
Per proposte editoriali e culturali inerenti alla collana contattare:
quadrifogliotedesco@tiscali.it

MIMESIS EDIZIONI (Milano – Udine)
www.mimesisedizioni.it
mimesis@mimesisedizioni.it

Isbn: 9788857544496

© 2018 – MIM EDIZIONI SRL
Via Monfalcone, 17/19 – 20099
Sesto San Giovanni (MI)
Phone: +39 02 24861657 / 24416383

INDICE

INTRODUZIONE
DALLA CRISI DELLA RAPPRESENTAZIONE ALLA REIFICAZIONE
La Trilogia degli animali di Roland Schimmelpfennig
di Raul Calzoni   7

DAS REICH DER TIERE
IL REGNO DEGLI ANIMALI
di Roland Schimmelpfennig   17
    Primo atto   21
    Secondo atto   59
    Terzo atto   87

IL REGNO DEGLI ANIMALI
Percorsi interpretativi nell'opera di Roland Schimmelpfennig
di Valentina Gianola   101
    L'autore   101
    Suggestioni avanguardiste   106
    Le tematiche   110

POSTFAZIONE
TRA POSTMODERNISMO E NUOVA DRAMMATURGIA
L'«eclettismo formale» di Roland Schimmelpfennig
di Elena Agazzi   131

Raul Calzoni

DALLA CRISI DELLA RAPPRESENTAZIONE ALLA REIFICAZIONE

La *Trilogia degli animali* di Roland Schimmelpfennig

Roland Schimmelpfennig offre con *Das Reich der Tiere*, che appare qui per la prima volta in italiano nella traduzione e con un articolato e denso commento di Valentina Gianola, un canovaccio teatrale emblematico del suo ecclettico teatro neo-sperimentale.[1] Il drammaturgo nato nel 1967 a Göttingen inserisce questa parte teatrale, rappresentata per la prima volta al *Deutsches Theater* di Berlino nel settembre del 2007, in una *Trilogie der Tiere* (*Trilogia degli animali*) costituita oltre che dal *Regno degli animali*, il capitolo centrale della silloge, da *Besuch bei dem Vater* (*Visita al padre*), che ne rappresenta il prologo, e da *Ende und Anfang* (*Fine e inizio*), con cui è portato in scena l'epilogo dell'intreccio sviluppato lungo le prime due *pièces*.[2]

Con grande sensibilità nell'individuare nella parte centrale della *Trilogia degli animali* una pietra miliare della produzione di Schimmelpfennig, Valentina Gianola ha condotto presso l'Università di Gießen le ricerche attorno all'autore e alla sua opera, di cui questo volume presenta i risultati traduttivi e critici. Non è forse un caso che il soggiorno di ricerca, reso possibile grazie a una borsa di studio nell'ambito del programma trilaterale «Excellence Initiatives» dedicato al tema «La circolazione dei saperi in Occidente: processi traduttivi, didattici e culturali» dell'Università degli Studi di Bergamo, si sia svolto proprio presso la *Justus-Liebig-Universität* di Gießen. In questo Ateneo dell'Assia, quasi duecento anni fa, ha infatti studiato Georg Büchner, nel cui teatro sperimentale e rivoluzionario per il suo tempo si possono rinvenire, seppure tenendo opportunamente conto della distanza temporale che divide i due autori, alcuni fondamenti strutturali e tematici della drammaturgia di Schimmelpfennig.

Questo saggio non intende, perciò, limitarsi a evidenziare gli snodi critici del commento di Valentina Gianola alla traduzione del *Regno degli*

---

1 Sul teatro di Schimmelpfennig e sulle sue peculiarità, cfr. C. Laudhan, *Zwischen Postdramatik und Dramatik: Roland Schimmelpfennigs Raumentwürfe*, Narr, Tübingen, 2012.
2 Cfr. R. Schimmelpfennig, *Trilogie der Tiere*, Fischer, Frankfurt am Main, 2007.

animali, ma vuole porre in risalto alcuni punti di contatto fra Schimmelpfennig e le opere teatrali di Georg Büchner, per dimostrare come esse abbiano portato in scena una crisi della mimesi che ancora oggi riemerge dalle maglie dei canovacci dell'autore di Göttingen, soprattutto attraverso la reificazione delle *dramatis personae* nella sua *Trilogia*. Schimmelpfennig, come rileva opportunamente Valentina Gianola nella prima parte della sua analisi, ha individuato gli ispiratori della propria drammaturgia nei grandi classici dell'antichità, Sofocle e Euripide, ma pure della modernità francese, come Molière, dell'Ottocento tedesco, come Friedrich Schiller, Georg Büchner, Heinrich von Kleist e Gerhart Hauptmann, e del secondo Novecento, fra i quali spiccano i nomi di Peter Weiss, Bernard-Marie Koltès, Heiner Müller e, soprattutto, di Bertolt Brecht.[3] Fra le teorie e le prassi teatrali dei grandi drammaturghi dell'Ottocento tedesco, sono soprattutto quelle di Büchner a manifestare, secondo il punto di vista di chi scrive, la loro attualità nel teatro di Schimmelpfennig. Si ricordi, a tale proposito, anche solo l'opposizione posta dall'autore, in una lettera del 28 luglio 1835 che anticipa il celebre *Kunstgespräch* della novella *Lenz*, fra i cosiddetti – con un anacronismo – «poeti idealistici», che trasfigurano la realtà, e quelli «realisti», ovvero coloro i quali la restituiscono, riproducendo il mondo per come lo ha creato il «buon Dio»:

> Se poi mi si volesse ancora dire che il poeta non deve mostrare il mondo come è bensì come dovrebbe essere, allora io rispondo che non voglio fare meglio del buon Dio, il quale ha certamente fatto il mondo come deve essere. Quanto poi ai cosiddetti poeti idealisti, trovo che essi non ci hanno quasi dato altro che marionette con nasi celesti e un pathos affettato, ma non uomini in carne e ossa il cui dolore e la cui gioia io possa condividere e il cui agire mi possa ispirare orrore o ammirazione. In una parola, io tengo in gran conto Goethe o Shakespeare, ma ben poco Schiller.[4]

Questa dicotomia fra poeti «idealisti» e «realisti» innerva ancora oggi, naturalmente ricondotta ai canoni e ai generi della drammaturgia contemporanea, l'opera di Schimmelpfennig, che è fondata sulla crisi stessa del teatro e sulla possibilità di discutere direttamente sulla scena una nuova estetica teatrale sospesa fra «post-moderno» e «post-drammatico»; due concetti, attorno ai quali si sviluppa il saggio di Elena Agazzi dedicato al

---

3   R. Schimmelpfennig, *Ja und Nein: Vorlesungen über Dramatik*, Theater der Zeit, Berlin, 2014, p. 32.
4   G. Büchner, *Opere*, a cura di M. Bistolfi, Mondadori, Milano, 1999, p. 381.

nostro drammaturgo in chiusura di questo volume, che rappresentano la più recente declinazione, in termini di estetica teatrale, della dualità «idealisti»/«realisti» rilevata da Büchner.

Già la citazione tratta dalla lettera di Büchner ci porta, d'altronde, nell'ambito di una drammaturgia di matrice realista, nella quale si aggirano i due protagonisti principali della *Trilogia degli animali* di Schimmelpfennig, abitata da sofferenti personaggi e animali «in carne e ossa» e non certo da «marionette dai nasi celesti e dal pathos affettato».

Per introdurre le caratteristiche del teatro di Schimmelpfennig, evidenziandone gli addentellati con quello büchneriano, basterà, perciò, ripercorrere la storia dei due veri protagonisti della *Trilogia degli animali*, ovvero i fratellastri Peter e Isabel, prendendo le mosse da *Visita al padre*. Portata in scena in Italia all'inizio del 2014 al «Piccolo Teatro di Milano» nella regia di Carmelo Rifici anche grazie al lodevole impegno profuso da Marco Castellari per diffondere il teatro di lingua tedesca nel nostro Paese,[5] questa *pièce* mostra sul palco le vicende dei due figli di Heinrich, il padre che dà il titolo all'opera, in un mondo contemporaneo scandito dalle logiche consumistiche della mercificazione dell'individuo. La trilogia di Schimmelpfennig disegna, infatti, la parabola discendente di questi due ragazzi nella società contemporanea dominata dalla velocità, dalla superficialità, dalla sopraffazione e dalla violenza che li renderà, nell'ultima parte della silloge, del tutto simili – come Woyzeck nell'omonima *pièce* di Büchner – a cavie da laboratorio: animali alla cura dei quali, peraltro, i due si dedicano veramente in *Fine e inizio*, dopo avere abbandonato la professione dell'attore.

Peter e Isabel sono, infatti, essi stessi attori che con la loro compagnia si dedicano da sei anni alla messa in scena della medesima opera teatrale, intitolata *Il regno degli animali*. Grazie a questa strategia compositiva, che ricorda la tradizione shakespeariana del *play within the play* e, come vedremo, la drammaturgia büchneriana, Schimmelpfennig porta in scena la crisi del teatro contemporaneo, che è paragonato nella *pièce* a una catena di montaggio nella quale le *dramatis personae* sono costrette a lottare per la sopravvivenza e, in ultima analisi, a difendere il loro posto di lavoro, anche se questo si dimostra essere motivo di alienazione. Nel "teatro nel teatro" di Schimmelpfennig, che è di per sé alienante per lo spettatore, tanto più nel momento in cui viene messa in scena l'alienazione e – come si vedrà – la reificazione degli attori che ne calcano le sce-

---

5   Cfr. R. Schimmelpfennig, *Visita al padre: scene e bozzetti*, tr. it. di R. Menin, Cue, Bologna, 2014.

ne, interviene anche la capacità dell'autore di avvantaggiarsi dell'effetto brechtiano dello straniamento, ottenuto prevalentemente attraverso l'inserimento di citazioni letterarie nei dialoghi della *pièce*. Grazie a questa tecnica drammaturgica, come bene dimostra Valentina Gianola nella sua analisi, lo spettatore è trasportato in una tradizione letteraria specifica, che costituisce il bacino di ipotesti dell'opera, dal quale Schimmelpfennig attinge per trasmettere una precisa denuncia sociale e morale dinanzi alla perdita di identità dell'individuo contemporaneo. E, anche in questo caso, un parallelo con il *Woyzeck* non è difficile da tracciare, tanto più se si ricorda che il soldato di Büchner è vessato fino al limite dell'alienazione dai suoi compagni e dal medico della caserma, per il quale si presta a fare da cavia per fantomatici esperimenti. In modo simile, gli attori di Schimmelpfennig si tormentano fra loro e sono trattati alla stregua di animali da laboratorio da un regista, Chris, che impone la chiusura dello spettacolo, dopo averli costretti per sei anni a interpretare quasi compulsivamente solo il *Regno degli animali*.

I personaggi, in realtà animali, che gli attori mettono in scena da lungo tempo, praticamente come automi o forse, come lascia intuire Gianola, al pari di marionette i cui fili sono tirati da Chris, si ritrovano, quindi, dinanzi al proprio fallimento. In questa situazione apparentemente senza sbocco, che ancora è tipica del teatro büchneriano, la favola nera del *Regno degli animali* si snoda attorno alla volontà di cambiamento dei suoi protagonisti. Essa si infrange, però, contro le logiche di mercato imposte dalla società contemporanea, nella quale – per sopravvivere – gli attori sono costretti a non impersonare nemmeno più leoni, zebre e altri animali della savana, ma a prestare i loro corpi di «carne e ossa» alla messa in scena di oggetti da cucina in una celebrazione kitsch della reificazione umana.

Al di là del naufragio del desiderio di cambiamento dei personaggi del teatro di Schimmelpfennig, è significativo che il drammaturgo abbia sempre affermato che la «libertà» di pensiero e della fantasia rappresentano per lui «il bene supremo».[6] Questa affermazione potrebbe indurre a parlare di un «teatro politico» di Schimmelpfennig, che anche in questo caso rivelerebbe una certa contiguità con *Dantons Tod* (*La morte di Danton*) e *Leonce und Lena* (*Leonce e Lena*) di Büchner e, persino, con i grandi «drammi della libertà» di Friedrich Schiller.[7] Nella *Trilogia degli animali* questa li-

---

6   R. Schimmelpfennig, *Ja und Nein*, cit., p. 86.
7   Sui «drammi della libertà» schilleriani, cfr. M.C. Foi, *La giurisdizione delle scene: i drammi politici di Schiller*, Qudolibet, Macerata, 2013. Sulla drammaturga

bertà è, però, limitata da fattori diversi rispetto a quelli politici e indipendenti dalla volontà dei suoi protagonisti, che sono indotti a cercare nuove forme espressive e a lottare nel mondo, nel tentativo di cercare un posto al suo interno. Sarebbe, perciò, più appropriato parlare, nel caso di Schimmelpfennig, di un «teatro sociale», come opportunamente suggerisce Gianola, sottolineando la posizione assunta dal drammaturgo in merito nelle sue «lezioni di drammaturgia»: «Il teatro mira alla città, alla comunità. Esso riflette il passato della società, il presente, o anche qualcosa di simile alle future aspettative, speranze, paure. Ma questo non significa che il teatro si occupi principalmente di politica».[8]

Si potrebbe forse, perciò, parlare nel caso della trilogia anche di uno *Zeittheater* («teatro dell'attualità») alla Erwin Piscator,[9] cioè più pedagogico che politico. Grazie ad esso, Schimmelpfennig porta in scena la complessa lotta per la sopravvivenza di Peter e Isabel dal nido famigliare sino al mondo del lavoro. Questa lotta non solo trova nel *Regno degli animali* la sua metafora più esplicita nella contesa per la corona fra la zebra e il leone, ma indurrà Peter e Isabel a dover constatare pessimisticamente in *Fine e inizio* che solo il «nulla» pare attenderli nel futuro.[10] Questo affondo nichilistico riecheggia il dialogo fra Peter e Frankie nella scena 4.1 del primo atto del *Regno degli animali*:

FRANKIE Nulla, tu saresti il più completo nulla –
PETER Io nulla ti devo –
FRANKIE Senza di me saresti nulla, e non saresti da nessuna parte.[11]

Questo scambio può essere letto come un rimando al nichilismo paventato dal teatro büchneriano, tanto più se si ricorda che la decima scena del medesimo atto del *Regno degli animali*, in cui Dirk soffre per una ferita sulla nuca,[12] riecheggia il passo della *Morte di Danton* in cui il protagonista della

politica di Büchner, cfr. S. Sanna, *L'altra rivoluzione: La morte di Danton di Georg Büchner*, Carocci, Roma, 2010. Sulla «libertà» come concetto cardinale nella letteratura tedesca, cfr. S. Neuhaus, *Grundriss der Neueren deutschsprachigen Literaturgeschichte*, UTB, München, 2017.
8   R. Schimmelpfennig, *Ja und Nein*, cit., p. 230.
9   Cfr. E. Piscator, *Das Politisches Theater. Theater zwischen Kunst und Politik in Zeittheater (1929)*, in *id.*, *Zeittheater*. «Das Politische Theater» und weitere Schriften von 1915 bis 1966, Rowohlt, Reinbek, 1986, pp.13-235, in particolare, pp. 160-163.
10 Cfr. C. Laudhan, *Zwischen Postdramatik und Dramatik*, cit., pp. 272-273.
11 Cfr. *infra*, p. 31.
12 Cfr. *infra*, p. 47.

pièce afferma che «il nulla si è ammazzato, la creazione è la sua ferita, noi siamo le sue gocce di sangue, il mondo è la tomba in cui marcisce».[13] Consapevoli di essere stati gettati come «gocce di sangue» in un tempo e in uno spazio senza certezze e senza prospettive, Dirk, Sandra, Peter e Isabel trasformano, perciò, l'azione teatrale in un vero e proprio tentativo di «misurare il mondo»[14] per arginare il nulla. Il palco vuoto del *Regno degli animali* diventa così pienamente metafora del nulla e di un mondo in cui l'individuo cerca di affermare i confini della propria identità e del proprio ruolo sociale. Ma questo tentativo di «misurare il mondo» non è destinato a restare tale e dovrà, anzi, assumere i connotati di un esperimento sociale di dominio e di violenza fisica e psicologica, che comporta l'accettazione di quelle "leggi" che regolano il *theatrum mundi* contemporaneo: l'alienazione e la reificazione, che consegneranno, infine, Peter e Isabel al «caso», anche nell'accezione kleistiana del termine.[15] I due e la loro compagnia teatrale sono, infatti, travolti alla fine del *Regno degli animali* dalle rapide dello scorrere inesorabile e furioso di un tempo presente che non lascia troppi margini per la ricerca e l'affermazione delle necessità personali e per il perseguimento e la realizzazione di sogni e desideri. Il dominio del «caso» e del «caos» ci riporta nel contesto della drammaturgia büchneriana, kleistiana e brechtiana, cui Schimmelpfennig certamente molto deve anche nella trattazione di un tema come quello del mutamento. Quest'ultimo è il solo responsabile della perdita di identità e del disorientamento patito da tutti i personaggi della *Trilogia degli animali* nei contesti sociali del lavoro e della famiglia, dominati a tal punto dalle leggi della concorrenza e del "libero" mercato da diventare teatro di una lotta senza quartiere di tutti contro tutti scandita dal «caos» e dal «caso».

«Homo homini lupus», verrebbe da dire, e infatti Schimmelpfennig ci mostra la sua savana abitata da attori travestiti da animali, che si fanno portavoce di diversi temperamenti umani nella grande allegoria della società contemporanea che è *Il regno degli animali*. Offrendo allo spettatore della sua *pièce* un vero e proprio bestiario del XXI secolo, sulla scia di studi etologici e opere letterarie che Valentina Gianola esplicita come fonti dell'opera, il drammaturgo fa della sua parte teatrale una sineddoche della società, in cui il capitalismo si è tradotto nella mancanza di rispetto dell'altro, nel vuoto culto delle necessità personali e nell'egoismo,

---

13 G. Büchner, *La morte di Danton*, in *id.*, *Opere*, cit., p. 69.
14 R. Schimmelpfennig, *Ja und Nein*, cit., p. 91.
15 Sulla complessità di questo termine nella drammaturgia kleistiana, cfr. B.R. Erdle, *Literarische Epistemologie der Zeit. Lektüren zu Kant, Kleist, Heine und Kafka*, Fink, München, 2015, pp. 173-178.

che hanno condotto alla distruzione dell'ideale stesso di comunità e, infine, alla sua reificazione. E qui ancora si coglie un riferimento alla reificazione del popolo nella drammaturgia di Büchner, che si manifesta compiutamente nella scena di *Leonce und Lena* in cui, nella presunta assenza degli sposi, si mette in scena il matrimonio in effigie dei due protagonisti della commedia, reificati in «persone lavorate con tanta perfezione che non le si potrebbe affatto distinguere dagli altri uomini, se non si sapesse che sono [mero] cartone; in effetti se ne potrebbero fare dei membri della società umana».[16]

Grazie all'espediente del "teatro nel teatro", i «signori» del fantomatico regno in cui sono collocati gli eventi della commedia büchneriana sono messi dinanzi al «povero popolo», che «tira con pazienza il carro sul quale i principi e i liberali recitano la loro pagliacciata», come si legge in una lettera di Büchner spedita da Gießen a August Stöbel il 9 dicembre 1833.[17] Se nella rappresentazione del matrimonio in effigie, i corpi dei «principi» sono definiti «artificiali» e «meccanici»,[18] quelli del popolo sono invece fatti di «carne e ossa» e questa loro peculiarità fatica a non manifestarsi durante la messa in scena delle nozze, quando i «poveri» dovrebbero limitarsi a mostrare un finto sentimento di felicità:

> PREFETTO: Fate attenzione, gente, nel programma c'è scritto: «tutti i sudditi, ben nutriti, con gli abiti puliti e le facce contente, si disporranno spontaneamente lungo la strada maestra». Non fateci sfigurare!
> MAESTRO DI SCUOLA: state saldi! Non grattatevi dietro le orecchie e non vi soffiate il naso [con le dita] mentre la nobile coppia vi passa davanti, e mostrate la dovuta commozione, o vi si dovrà smuovere con i dovuti mezzi. Rendetevi conto di ciò che si fa per voi: siete stati piazzati proprio in modo che il vento che soffia dalla cucina vi passi sopra e anche voi annusiate una volta nella vita l'odore dell'arrosto. Vi ricordate ancora la lezione? Hei! Vi... [19]

Oltre alla repressione delle necessità e dei desideri del corpo, l'effetto più nefasto del potere sull'individuo è, senza dubbio, ravvisabile nella perdita di identità, di cui soffrono in un'antica corte tedesca Leonce e Lena, che all'insaputa di tutti appaiono in scena portando la maschera di loro stessi e sono reificati in «due celeberrimi automi»,[20] e nella contemporaneità gli attori del *Regno degli animali* di Schimmelpfennig, sotto le

---

16 G. Büchner, *Leonce e Lena*, in *id.*, *Opere*, cit., p. 164.
17 G. Büchner, *Lettere*, ivi, p. 354.
18 G. Büchner, *Leonce e Lena*, cit., p. 164.
19 Ivi, pp. 159-160.
20 Ivi, p. 164.

cui sembianze non si celano più individui «in carne e ossa», ma solo gli animali che rappresentano e dei quali patognomicamente possiedono le caratteristiche comportamentali.[21] Così, Peter interpreta sé stesso nella vita, il solitario, pigro, avido e aggressivo leone nel regno degli animali e, infine, l'uovo al tegamino nello spettacolaccio che conclude l'opera, mentre Isabel recita, oltre che il ruolo di sé stessa, prima quello di una sottomessa genetta, veloce e capace di adattarsi ai cambiamenti, e in seguito quello di un macinapepe. Accanto a questi, incontriamo altri tre personaggi che, oltre a mettere in scena sé stessi, portano sul palco altri animali e oggetti da cucina: Dirk, prima un prudente e calmo maribù, diventa una bottiglia di ketchup, Sandra, la figura più positiva fra quelle minori dell'opera, una coraggiosa e impavida antilope, che assume poi le sembianze di un toast. È soprattutto Frankie, però, che interpreta una ragionevole e coraggiosa zebra, ad assumere un significato particolare nell'economia della *pièce*. Questi non figura nello spettacolo finale, perché viene ucciso dal leone durante la contesa per la corona del *Regno degli animali*, in cui agiscono due forze: l'azione e la forza del leone e il pensiero e la meditazione della zebra. Se, inizialmente, le due forze riescono a trovare un compromesso per convivere, anzi si integrano perfettamente, tanto che le due bestie si salvano da un incendio che esplode nella savana grazie alla loro complicità e solidarietà, ben presto l'egoista leone vorrà diventare il sovrano del regno e, promettendo agli altri animali un maggiore potere, riuscirà a condurre la zebra lontana dalla comunità degli animali e a farla cadere in un dirupo. La morte della zebra, che nell'opera è di fatto il re degli animali sino a quando il leone non la elimina, segna la fine del regno che, senza il senno e il senso della comunità della zebra, è consegnato all'aggressività e all'impulsività del leone e, perciò, è destinato alla rovina, perché vi domineranno «insensatezza» e «sete di sangue»:

> LA GENETTA Il regno degli animali cambiò dopo la scomparsa della zebra, si disintegrò. Aveva un sovrano, ma questo sovrano non regnava. Era inseguito da un'ombra che non lo lasciava più libero. E così da allora in poi regnarono nel regno degli animali l'insensatezza e la sete di sangue.[22]

---

21 Non è possibile affrontare in questa sede una lettura del *Regno degli animali* nel contesto della «semiotica degli affetti», per le cui caratteristiche si rimanda a L. Rodler, *Il corpo specchio dell'anima: teoria e storia della fisiognomica*, Bruno Mondadori, Milano, 2000 e, più specificatamente per la Germania, a F. La Manna, *Sineddoche dell'anima. Il volto nel dibattito tedesco del Settecento*, Milano, Mimesis, 2012.
22 Cfr. *infra*, p. 87.

È rilevante che il reame messo in scena nel *Regno degli animali*, circoscritto dai tipi caratteriali incarnati dai diversi animali che lo abitano, perda senso con la morte della zebra, ma che l'ombra del precedente sovrano continui ad aggirarsi fra gli animali, persino perseguitando il leone e facendolo quasi impazzire. Da questo reame, che ricorda evidentemente quello di Leonce e Lena, perché allude a un mondo dissennato per il collettivo e incapace di far applicare correttamente la legge della ragione, a quello degli oggetti da cucina, nella chiusa del *Regno degli animali*, il passo è davvero breve. Nell'opera di Schimmelpfennig, il mondo reificato rappresenta, perciò, l'approdo dell'essere umano da uno stadio animalesco alla società capitalista, in cui il soggetto, per sopravvivere, è obbligato a sottomettersi alla logica del consumo, mentre non solo il suo corpo, ma soprattutto la sua coscienza, vengono oggettivati.

Assumendo un deciso piglio didattico, il *Regno degli animali* ci mostra perciò, nella sua ultima parte, i pericoli insiti nella pratica della prevaricazione, della violenza e, più in generale, delle leggi del "libero" mercato nella sfera pubblica, ma soprattutto in quella privata dell'individuo, i cui esiti più evidenti sono l'oggettivazione dei sentimenti e il feticismo sessuale. Già Sandra è espressione della reificazione della donna nel *Regno degli animali*, perché Peter la considera come un semplice oggetto sessuale. In realtà, l'attrice è la madre del figlio di Peter, anche se ha detto al piccolo che suo padre è morto, affermando con ciò la propria indipendenza economica e sentimentale da lui e dimostrandosi un soggetto – e non un oggetto – nella relazione di potere uomo/donna. È, tuttavia, la scena finale dell'opera a diventare emblematica della reificazione sessuale che la donna subisce nella società, cioè quando impersona sé stessa, esattamente come quando sulla scena veste i panni dell'animale e, infine, dell'oggetto. La bottiglia di Ketchup – precedentemente il maribù, ovvero Dirk – maltratta infatti, nell'ultima scena del *Regno degli animali*, il macinapepe – la genetta, ovvero Isabel –, ma «ciò facendo perde in modo vistoso un liquido rosso e spesso».[23] Il ketchup che fuoriesce dalla bottiglia (Dirk) simboleggia la ferita, anche narcisistica, che l'uomo si procura nella società contemporanea maltrattando il macinapepe (Sandra), cioè la donna, ma poche battute prima Schimmelpfennig ci dice anche che «il macinapepe ha trovato un modo per torturare la bottiglia di ketchup. Così, la bottiglia di ketchup inizia a perdere liquido rosso».[24] Nell'ultima scena, in cui regna l'assenza della ragione e del

---

23 Cfr. *infra*, p. 99.
24 Cfr. ivi.

senso della comunità, la reificazione sessuale riguarda, quindi, anche l'uomo, che è diventato oggetto della tortura della donna. Su questo regno degli oggetti, che ha sostituito quello degli animali e delle persone, è dominato ormai solo dal «caso» e dal «caos» ed è completamente privo di un ordine, non può che calare «lentamente l'oscurità».[25] Constatata la mera esistenza strumentale degli attori del *Regno degli animali*, Schimmelpfennig può solo sperare che da questa «oscurità» la società contemporanea risorga all'insegna di quella palingenesi invocata già un secolo fa dal teatro e dalla poesia dell'Espressionismo, che non a caso molto devono all'opera di Büchner, nei quali la *Dämmerung* è preludio di una possibile rinascita sociale improntata agli ideali di una pacifica convivenza dell'uomo, degli animali e delle cose.

Un messaggio di speranza, quindi, si può cogliere in quell'«oscurità» che lentamente cala sulla scena del *Regno degli animali* e che già il titolo dell'ultimo capitolo della trilogia di Schimmelpfennig sembra veicolare, perché in quest'ultima si parla di una fine e di un inizio – e non viceversa – per Peter e Isabel, due figure che «sono tipicamente prese da un movimento, da un desiderio di cambiamento in continuo oscillare fra la pulsione interrogativa sul proprio senso e posto nel mondo e la frustrazione per l'incapacità o impossibilità di sottrarsi a situazioni castranti, ammorbanti, asfissianti».[26]

***

Per avere reso possibile la pubblicazione di questo volume, Valentina Gianola, Elena Agazzi e Raul Calzoni ringraziano Marina Dossena, Presidente del Corso di Laurea magistrale in "Lingue e Letterature Europee e Panamericane" del Dipartimento di Lingue, Letterature e Culture Straniere dell'Università degli Studi di Bergamo e responsabile scientifica del progetto «La circolazione dei saperi in Occidente: processi traduttivi, didattici e culturali» del programma «Excellence Initiatives» dell'Università degli Studi di Bergamo. Un ringraziamento particolare va, inoltre, a Karin Birge Gilardoni-Büch e a Marco Castellari per aver accolto il volume nella collana «Il quadrifoglio tedesco».

---

25 Cfr. ivi.
26 M. Castellari, *Visita al padre e il teatro di Roland Schimmelpfennig*, 2014, URL http://www.germanistica.net/2014/02/04/roland-schimmelpfennig-a-milano-2/ (ultima consultazione 1 ottobre 2017).

Roland Schimmelpfennig

DAS REICH DER TIERE
IL REGNO DEGLI ANIMALI

Personen

PETER, *Schauspieler, etwa Mitte bis Ende Dreißig, im Reich der Tiere* DER LÖWE, *später* DAS SPIEGELEI

DIRK, *Schauspieler, über Vierzig, im Reich der Tiere* DER MARABU, *später* EINE »SQUEEZE«-KUNSTSTOFFLASCHE TOMATENKETCHUP

ISABEL, *Schauspielerin, Mitte Dreißig, etwas jünger als Peter, im Reich der Tiere* DIE GINSTERKATZE, *später* DIE PFEFFERMÜHLE

SANDRA, *Schauspielerin, Mitte bis Ende Dreißig, im Reich der Tiere* DIE ANTILOPE, *später* DAS TOASTBROT

FRANKIE, *Schauspieler, etwas älter als Peter, im Reich der Tiere* DAS ZEBRA

CHRIS, *Regisseur und Autor, Anfang bis Mitte Dreißig*

Ein Krokodil.

Eventuell weitere Tiere: Skorpione, Giraffen, Nashörner, Elefanten und andere.

Die Tierkostüme sind freie Erfindungen auf ethnologisch recherchiertem Niveau. Anregungen lassen sich bei den Urvölkern Nord- und Südamerikas und Afrikas finden. Kein Plüsch, keine Lächerlichkeit. Niemand geht oder spielt auf vier Beinen. Ein fließender Übergang von Mensch zu Fabelwesen oder Tier – wie bei manchen ägyptischen oder aztekischen Göttern.

Personaggi

PETER, *attore, tra i 35 e i 40 anni, nel Regno degli Animali* IL LEONE, *in seguito* L'UOVO AL TEGAME

DIRK, *attore, oltre i 40 anni, nel Regno degli Animali* IL MARABÙ, *in seguito* UNA BOTTIGLIA DI KETCHUP

ISABEL, *attrice, sui 35 anni, un po' più giovane di Peter, nel Regno degli Animali* LA GENETTA, *in seguito* IL MACINAPEPE

SANDRA, *attrice, tra i 35 e i 40 anni, nel Regno degli Animali* L'ANTILOPE, *in seguito* IL TOAST

FRANKIE, *attore, un po' più vecchio di Peter, nel Regno degli Animali* LA ZEBRA

CHRIS, *regista e autore, tra i 30 e i 35 anni*

Un coccodrillo.

Eventuali altri animali: scorpioni, giraffe, rinoceronti, elefanti e altri.

I costumi degli animali sono stati liberamente ideati sulla base di una ricerca etnologica. Si possono trovare spunti per questo abbigliamento presso i popoli primitivi del Nord e Sud America e dell'Africa.
Nessun peluche, niente di ridicolo.
Nessuno cammina o recita su quattro gambe.
Un fluido passaggio dall'uomo all'essere fiabesco o all'animale – così come avviene per alcune divinità egizie o azteche.

Die Fußnoten stammen aus Brehms Tierleben in Leipziger Jubiläumsausgabe von 1929 bei Philipp Reclam jun., hrsg. von Carl W. Neumann.

Erster Akt

1.

Zwei Schauspieler in ihrer Garderobe, Peter und Frankie. Beide sind Mitte bis Ende Dreißig. Frankie ist der Ältere. Sie sind gerade erst hereingekommen, sie tragen noch ihre eigenen Sachen. Frankie hat eine große Sporttasche dabei, die später von Bedeutung sein wird. Sie ziehen sich aus. Jetzt verwandeln sie sich allmählich in Tiere: Sie schminken sich, sie bemalen ihre Körper, sie bekleben sich mit Haaren oder Federn oder Fellstücken. Peter wird am Ende der Szene zu einem Löwen geworden sein, Frankie zu einem Zebra. Die beiden folgen einer lang erprobten Folge von bedachten, sicheren Handgriffen. Ihre Bewegungen sind routiniert und verraten doch bei aller Sicherheit so etwas wie Stolz oder Selbstbewußtsein. Die Qualität und Originalität beider (und aller folgenden) Tier-Kostümentwürfe bei gleichzeitiger Einfachheit sind bestechend. Gegen Ende der Szene setzen sie sich möglicherweise zusätzlich ausdrucksstarke Masken aus Holz, Stroh oder Papier auf den Kopf, ohne damit aber das Gesicht zu verschließen.

PETER *ebenso perplex wie gereizt, angewidert* Das Spiegelei – ein Spiegelei?
FRANKIE Spiegelei – ein Spiegelei.
Pause.
PETER *fragend, angewidert* Oder eine Ketchupflasche?
Pause.
FRANKIE Ein Spiegelei und eine Flasche Ketchup –
PETER Ketchup. Was soll das – Ein Spiegelei und eine Ketchupflasche –
Kurze Pause. Er setzt neu an.
Ein Toastbrot –
Kurze Pause.
Ein Pfefferstreuer –
Kurze Pause.
Was soll das sein –
FRANKIE *jetzt ebenso gereizt* Was das sein soll?

Le note a piè pagina sono tratte dalla vita degli animali di Brehm nell'edizione giubilare di Lipsia del 1929 della Philipp Reclam jun., a cura di Carl W. Neumann.

Primo atto

1.

Due attori nel loro camerino, Peter e Frankie. Entrambi hanno tra i 35 e i 40 anni. Frankie è il più vecchio. Sono appena entrati e hanno ancora indosso i loro vestiti. Frankie ha con sé una grande borsa sportiva, che acquisirà importanza più avanti. Si svestono. Ora si trasformano gradualmente in animali: si truccano, si pitturano i corpi, si ricoprono con peli o piume o lembi di pelliccia. Alla fine della scena Peter sarà diventato un leone, Frankie una zebra. Entrambi eseguono una serie di gesti sicuri e pensati, studiati a lungo. I loro movimenti sono professionali e per quanta sicurezza mostrino, tradiscono però qualcosa di molto simile all'orgoglio o alla consapevolezza di sé. La qualità e l'originalità dei due (e di tutti i seguenti) costumi degli animali sono impressionanti per la simultanea semplicità. Verso la fine della scena, se possibile, si caleranno sul capo in aggiunta maschere di legno, di paglia o di carta dai tratti marcati, senza però coprire completamente il volto.

PETER *tanto perplesso quanto irritato, disgustato* L'uovo al tegame – un uovo al tegame?
FRANKIE Uovo al tegame – un uovo al tegame.
Pausa.
PETER *con aria interrogativa, disgustato* O una bottiglia di ketchup?
Pausa.
FRANKIE Un uovo al tegame e una bottiglia di ketchup –
PETER Ketchup. Ma che senso ha – Un uovo al tegame e una bottiglia di ketchup –
Breve pausa. Ricomincia da capo.
Un toast –
Breve pausa.
Un macinapepe –
Breve pausa.
Che senso ha –
FRANKIE *ora ancor più irritato* Che senso ha?

Kurze Pause.
Was das ist?
PETER Was soll das sein –
Kurze Pause.
FRANKIE Ein Spiegelei.
Kurze Pause.
Eine Ketchupflasche. Ein Toast. Pfeffer.
Schweigen.
PETER *laut und knapp* O ja!
Kurze Pause.
O ja!
FRANKIE Ja!
Pause.
PETER *plötzlich* Das singende Spiegelei?
Das sprechende Spiegelei?
Oder der Folterpfeffer –
FRANKIE Keine Ahnung.
PETER Oder der tanzende Toast?
FRANKIE Vielleicht, ja – keine Ahnung.
PETER Das kahle Ei. Das Spiegelei soll kahl sein. Alle kahl.
Kurze Pause.
Es gibt Grenzen.
FRANKIE Grenzen, ja –
PETER Das ist Kacke.
FRANKIE *plötzlich* Du denkst an nichts anderes. Mach dir nichts vor, du denkst an nichts anderes. *Beide fahren während der gesamten Zeit fort, sich zu verwandeln. Manchmal können deshalb längere Unterbrechungen des Streits entstehen – wenn bestimmte Handgriffe zu viel Konzentration erfordern, um die Auseinandersetzung mit der angemessenen Härte weiterführen zu können. Die Szene dauert in jedem Fall so lange wie es dauert, bis sich beide ohne Hilfe von außen in ein Zebra und einen Löwen verwandelt haben.*
PETER Ich mache das nicht, das Spiegelei mache ich nicht, ich mache das nicht –
FRANKIE Du denkst an nichts anderes.
PETER Ich?
FRANKIE Du –
PETER Ich? Ich nicht.
Aber du:
Er brüllt.

Breve pausa.
Che cos'è?
PETER Che senso ha –
Breve pausa.
FRANKIE Un uovo al tegame.
Breve pausa.
Una bottiglia di ketchup. Un toast. Pepe.
Silenzio.
PETER *forte e chiaro* Oh sì!
Breve pausa.
Oh sì!
FRANKIE Sì!
Pausa.
PETER *improvvisamente* L'uovo al tegame cantante?
L'uovo al tegame parlante?
O il pepe torturatore –
FRANKIE Non ne ho la minima idea.
PETER O il toast danzante?
FRANKIE Forse, sì – non lo so.
PETER L'uovo calvo. L'uovo al tegame dovrebbe essere calvo. Tutti calvi.
Breve pausa.
Ci sono dei limiti.
FRANKIE Limiti, sì –
PETER È una merda.
FRANKIE *improvvisamente* Tu non pensi a nient'altro. Non illuderti, tu non pensi a nient'altro.
Entrambi continuano durante tutto il tempo a trasformarsi. A volte possono perciò intervenire lunghe interruzioni nel litigio – se alcuni movimenti richiedono troppa concentrazione per portare avanti il confronto con la dovuta durezza.
La scena dura in ogni caso quanto deve durare, ossia tutto il tempo necessario affinché entrambi senza aiuti esterni si siano trasformati in zebra e leone.
PETER Non lo faccio, l'uovo al tegame non lo faccio, io non lo faccio –
FRANKIE Non pensi a nient'altro.
PETER Io?
FRANKIE Tu –
PETER Io? Io no.
Tu sì invece:
Grida.

Du brauchst das Ei. Oder die Ketchupflasche.
Kurze Pause.
Dich kennt keiner.
FRANKIE Ich mache das hier länger als du. Mich kennt jeder.
PETER Genau –
FRANKIE Ich bin hier von Anfang an dabei –
PETER Genau. Du bist hier von Anfang an dabei.
Kurze Pause.
Du bist hier seit sechs Jahren dabei.
Kurze Pause.
Seit sechs Jahren.
Kurze Pause.
Sechs Jahre!
Kurze Pause.
Seit sechs Kackjahren –
Kurze Pause.
Sechs Jahre sechs Tage die Woche. Sechs Tage in der Woche, oder mehr noch: an Weihnachten, an Ostern.
Pause.
Sechs Jahre lang. Du bist das Zebra.
Seit sechs Kackjahren bist du das Zebra.
Frankie schminkt sich ruhig weiter.
Kein Mensch weiß überhaupt noch, wie du aussiehst. Du, nicht das Zebra. Das Zebra kennt jeder. Kein Mensch erinnert sich noch daran, daß es dich überhaupt gibt.

2.

Eine Antilope tritt auf, eine Antilopenfrau. Eine Oryxantilope,[1] groß, schlank, mit sich hoch aufschwingenden Hörnern. Großartig, wie sie sich

---

[1] Schon seit alter Zeit bekannte und berühmte Antilopen sind die Spießböcke (Oryx), von denen wenigstens eine Art häufig auf den Denkmälern Ägyptens und Nubiens abgebildet wurde. Man sieht hier den Oryx in den mannigfaltigsten Stellungen, gewöhnlich mit einem Strick um den Hals, zum Zeichen, daß man ihn gejagt und gefangen hat. In den Gemächern der großen Cheopspyramide sieht man dasselbe Tier, zuweilen nur mit einem Horn dargestellt, und hierauf wollte man die Behauptung gründen, daß der Oryx zur Sage vom Einhorn Veranlassung gegeben habe. Die Alten haben, laut Hartmann, Oryxantilopen sowohl mit gerade gewachsenen wie auch mit gebogenen Hörnern abgebildet. Man hat diese Art im Altertum häufig gezähmt gehalten und zur Opferung benutzt.

Tu hai bisogno dell'uovo. O della bottiglia di ketchup.
Breve pausa.
Non ti conosce nessuno.
FRANKIE Io sono qui da prima di te. Tutti mi conoscono.
PETER Esattamente –
FRANKIE Io sono qui dall'inizio –
PETER Esatto. Tu sei qui dall'inizio.
Breve pausa.
Tu sei qui da sei anni.
Breve pausa.
Da sei anni.
Breve pausa.
Sei anni!
Breve pausa.
Da sei merdosi anni –
Breve pausa.
Sei anni sei giorni la settimana. Sei giorni alla settimana, o ancora di più: a Natale, a Pasqua.
Breve pausa.
Da sei anni. Tu sei la zebra.
Da sei merdosi anni tu sei la zebra.
Frankie va avanti a truccarsi tranquillamente.
Nessuno sa nemmeno più com'è il tuo vero aspetto. Il tuo, non quello della zebra. La zebra la conoscono tutti. Nessuno si ricorda nemmeno che esisti.

2.

Un'antilope entra in scena, una donna-antilope. Un'antilope-orice,[1] *alta, slanciata, con corna svettanti alte e visibili. È impressionante come si*

---

[1] A.E. Brehm, *La vita degli animali* (vol. III: *Mammiferi*), tr. it. di M. Lessona, UTET, Torino, 1900, pp. 402s.: «Gli orici sono antilopi già celebri e conosciute fin dai tempi più antichi; infatti una delle specie comuni è raffigurata sovente nei monumenti dell'antico Egitto e della Nubia. In quelle figure l'orice compare negli atteggiamenti più vari e spesso con un laccio al collo per dimostrare che venne inseguito e catturato. Nelle camere della grande piramide di Cheope si vede questo stesso animale raffigurato talvolta con un corno solo, ciò che indusse vari naturalisti ad affermare che l'orice ha fornito l'ispirazione alla leggenda dell'unicorno. […] Gli antichi, dice Hartmann, raffigurano molto bene gli orici colle corna diritte o più o meno incurvate. Nei tempi antichi questa specie venne spesso addomesti-

bewegt, wie sie auf hohen Schuhen einen Fuß vor den anderen setzt; und stolz, kraftvoll, wie sie dasteht, einfach nur still lange dasteht.
SANDRA Ich war vier Jahre lang die Antilope.
Pause.
Dann wurde ich schwanger und mußte aussetzen, aber jetzt, nach zehn Monaten Pause, bin ich wieder da. Ich habe nur zehn Monate ausgesetzt.
Pause.
Das Kind ist die meiste Zeit bei meiner Mutter.
Sie steht noch eine ganze Weile so da. Dann schreitet sie ab.

3.

Isabel, Mitte Dreißig, und Dirk, über Vierzig. Beide bereits teilweise im Kostüm. Sie ist dabei, sich in eine Ginsterkatze[2] zu verwandeln, sie bemalt ihren Körper, beklebt ihn oder zieht einzelne Kostümteile an. Neben ihr Dirk, der im Laufe der Szene zu einem Marabu[3] wird.

    Die Spießböcke gehören zu den größten und schwersten Antilopen, machen jedoch trotz ihres etwas plumpen Baues einen majestätischen Eindruck. Der Kopf ist gestreckt, aber nicht ungestaltig, die Gesichtslinie fast gerade oder nur wenig gebogen, der Hals mittellang, der auf mäßig hohen, starken Läufen ruhende Leib sehr kräftig, der Schwanz ziemlich lang, am Ende stark bequastet. Die Augen sind groß und ausdrucksvoll, die Ohren verhältnismäßig kurz, breit und abgerundet. Die Hörner, die von beiden Geschlechtern getragen werden, sehr lang und dünn, von der Wurzel an geringelt und entweder gerade oder in flachem Bogen nach rückwärts und auswärts gebogen. (Brehms Tierleben, Band 1, Säugetiere).

2   Die Ginster- oder Genettkatze (Viverra genetta) bewohnt Afrika bis Palästina und die dem Mittelmeer am nächsten gelegenen Gegenden Europas. [...] Ihre Bewegungen sind ebenso anmutig und zierlich wie behend und gewandt. Ich kenne kein anderes Säugetier, das sich so wie sie mit der Biegsamkeit der Schlange und der Schnelligkeit des Marders zu bewegen versteht. Unwillkürlich reißt die Vollendung ihrer Beweglichkeit zur Bewunderung hin. Es scheint, als ob sie tausend Gelenke hätte. Bei ihren Überfällen gleitet sie unhörbar auf dem Boden hin, den schlanken Leib so gestreckt, daß er mit dem Schwanz eine gerade Linie bildet, die Füße so weit auseinander gestellt, wie es überhaupt möglich ist. Plötzlich springt sie mit gewaltigem Satz auf die Beute los und erfaßt sie mit unfehlbarer Sicherheit. (Brehms Tierleben, Band 2, Raubtiere, Schleichkatzen).

3   Der häßlichste Storch ist der Marabu (Leptoptilus crumeniferus) mit einem kropfartigen Sack am Unterhalse, kräftigem, ungeschlachtem Leib, nacktem Halse und nacktem Kopf, der höchstens mit einigen flaumartigen Federn bekleidet ist, ungeheurem, an der Wurzel sehr dikkem, vorn keilförmig zugespitzten Schnabel, hohen Beinen, gewaltigen Flügeln und einem mittellangen Schwanz, dessen untere Deckfedern stark entwickelt, von der Wurzel an zerschlissen sind und prächtige Schmuckfedern abgeben. [...] Sein Kopf ist fleischfarben, die Haut

muove, come posiziona un piede dopo l'altro camminando su scarpe alte; e come orgogliosa, forte sta in piedi, semplicemente sta in piedi per lungo tempo in silenzio, impassibile.

SANDRA Sono stata per quattro anni l'antilope.
Pausa.
Dopo sono rimasta incinta e ho dovuto smettere, ma ora, dopo dieci mesi di pausa, sono di nuovo qui. Mi sono fermata solo per dieci mesi.
Pausa.
Il bambino sta per la maggior parte del tempo con mia madre.
Rimane ancora per un po' di tempo lì in piedi. Poi si allontana impettita.

3.

Isabel, sui 35 anni, e Dirk, oltre i 40. Entrambi sono già in parte in costume. Lei sta per trasformarsi in una genetta.[2] Si pittura il corpo, incolla o indossa singoli pezzi di costume. Accanto a lei, Dirk, che nel corso della scena diventerà un marabù.[3]

---

cata e adoperata nei sacrifici alle divinità. [...] Gli orici si debbono annoverare fra le antilopi più grosse e più pesanti; tuttavia, malgrado la loro struttura un po' tozza, hanno pur sempre un aspetto assai maestoso. La testa è allungata, ma non deforme, il profilo quasi diritto o poco arcuato, il collo di media lunghezza; il corpo sostenuto da gambe robuste, di altezza mediocre, è robustissimo, la coda abbastanza lunga e ornata di un ricco fiocco terminale; gli occhi sono grandi e pieni di espressione, gli orecchi relativamente corti, larghi e tondeggianti, le corna comuni ai due sessi sono lunghissime e sottili, cerchiate fin dalla base, diritte o incurvate all'indietro in un arco poco pronunziato e leggermente divaricate».

2 A.E. Brehm, *La vita degli animali* (vol. I: *Mammiferi*), tr. it. di M. Lessona, UTET, Torino, 1893, pp. 579-581: «La genetta (viverra genetta) è diffusa in Africa fino alla Palestina e nelle zone dell'Europa più prossime al Mediterraneo. [...] I movimenti della genetta sono agili, svelti, eleganti e graziosi. Nessun altro mammifero ha la facoltà d'insinuarsi più facilmente in uno spazio strettissimo con movimenti serpentini, correndo in altri casi con la velocità della martora. I movimenti della genetta si possono dire perfetti e destano anche involontariamente la nostra ammirazione. Pare che il corpo di questo animale sia fornito di mille articolazioni. Per aggredire la preda scivola silenziosamente sul suolo, allungando il corpo per modo da formare colla coda una linea sola, retta e continua, mentre divarica le zampe quanto più le è possibile. Ad un tratto, con un salto portentoso, si precipita sulla preda e l'afferra con una sicurezza infallibile».

3 A.E. Brehm, *La vita degli animali* (vol. VI: *Uccelli*), tr. it. di M. Lessona, UTET, Torino, 1900, pp. 551s.: «I leptopili sono le specie più brutte fra tutte quelle appartenenti al gruppo delle cicogne. Questi uccelli prendono pure il nome di cicogne gozzute, perché nella parte inferiore del collo il loro esofago si allarga in

Beide folgen bei ihrer Verwandlung mit jedem Handgriff wie schon Peter und Frankie sorgfältig einem lang erprobten Ablauf.
ISABEL Die hat mich nicht erkannt.
Kurze Pause.
Keiner weiß, wohin. Keiner weiß, wie es weitergeht.
DIRK Die sagen, die verhandeln nicht –
ISABEL Warum heißt es »Garten«? Der Garten der Dinge. Das Spiegelei, die Ketchupflasche. Warum heißt es nicht »Die Mißhandlung«?
Kurzes Nachdenken.
Oder »Die Folter«?
DIRK Das Toastbrot, sagtest du nicht Toastbrot?
Kurze Pause.
Toastbrot, Ginsterkatze, Marabu – ist doch egal –
ISABEL Dinge –
Sie greift kurz nach dem vor ihr liegenden Mobiltelephon, betrachtet es.
Weißt du, wie –
Sie wechselt das Thema.
Oder: »Das Lager«.
DIRK Immerhin weiß man jetzt, was kommt.
ISABEL Was kommt –
DIRK Worum es geht –
ISABEL Ja? Ich weiß nicht, worum geht es –
DIRK Unabhängig von –
Kurze Pause.
Unabhängig von –
ISABEL Unabhängig von was?
DIRK Unabhängig von wem, von der Frage, wer –
Kurze Pause.
Auch wenn sie nicht mit –
Kurze Pause.

---

in der Regel grindig, das Gefieder auf dem Mantel dunkelgrün, metallisch glänzend, auf der ganzen Unterseite und im Nacken weiß. (Brehms Tierleben, Band 5, Vögel).

Entrambi seguono con attenzione, nella loro trasformazione, così come Peter e Frankie, una sequenza di gesti già studiati da tempo.

ISABEL Non mi ha riconosciuto.
Breve pausa.
Nessuno sa dove andremo a finire. Nessuno sa come si andrà avanti.
DIRK Dicono che non trattano –
ISABEL Perché si chiama «Giardino»? Il giardino delle cose. L'uovo al tegame, la bottiglia di ketchup. Perché non si chiama «Il Maltrattamento»?
Breve riflessione.
O «La Tortura»?
DIRK Il toast, non parlavi del toast?
Breve pausa.
Toast, genetta, marabù – è indifferente –
ISABEL Cose –
Afferra brevemente il cellulare che ha davanti, lo guarda.
Sai come –
Cambia il tema.
O «Il Lager».
DIRK Almeno adesso sappiamo che cosa ci aspetta.
ISABEL Che cosa ci aspetta –
DIRK Di che cosa tratta –
ISABEL Sì? Io non so di che cosa tratta –
DIRK A prescindere da –
Breve pausa.
A prescindere da –
ISABEL A prescindere da che cosa?
DIRK A prescindere da chi, dalla domanda, chi –
Breve pausa.
Anche se loro non –
Breve pausa.

---

un ampio sacco. [...] I leptopili hanno corpo robusto, anzi tarchiato, collo grosso e nudo, testa nuda o scarsamente ricoperta di penne filiformi, becco enorme, molto grosso alla base, quadrangolare, acuminato anteriormente a guisa di cuneo. Le gambe sono alte, le ali poderose e la coda di media lunghezza, colle copritrici inferiori straordinariamente sviluppate e sfilacciate alla base, per modo da costituire per l'uccello un elegantissimo ornamento. [...] La testa, sparsa di radi peli filiformi, è di color carnicino-rossiccio, la pelle quasi sempre rugosa, il collo nudo. Il piumaggio presenta sul dorso una tinta verde-scura con riflessi metallici, ed è bianco nelle parti inferiori del corpo e sulla nuca».

ISABEL Ich verkleide mich nicht als Ketchupflasche. Ich verkleide mich nicht als Toastbrot. Ich bin doch nicht bescheuert! Ich bin doch nicht bescheuert!
DIRK Die sagen, die verhandeln nicht, aber die verhandeln doch, nicht mit allen, aber es wird verhandelt, darum gehts. Was ist mit denen, mit denen gar nicht gesprochen wird –
ISABEL Ja, aber –
Kurze Pause.
Sie hat mich nicht erkannt. Was heißt verhandeln, sie hat mich nicht einmal erkannt, was heißt verhandeln, die weiß nicht einmal, daß ich hier arbeite.
Was haben Sie denn die letzten Jahre gemacht, hat sie mich gefragt.
Wie meinen Sie das –
Ja, was Sie die letzten Jahre gemacht haben –
Aber Sie kennen mich doch, Sie kennen doch meinen Vertrag – Sie wissen doch, was ich in den vergangenen Jahren gemacht habe, die Ginsterkatze, das habe ich in den vergangenen Jahren gemacht.
Ich würde gerne wissen, wie es weitergeht. Ich weiß nicht, was kommt!

4.1.

Frankie und Peter. Heftig, laut, schnell.

FRANKIE Ohne mich wärst du –
PETER Ohne dich wäre ich –
FRANKIE Ohne mich wärst du untergegangen.
PETER Ohne dich wäre ich –
FRANKIE Ohne mich wärst du längst verbrannt –
PETER Es gibt eine Grenze.
FRANKIE Eine Grenze –
PETER Ich habe –
FRANKIE Welche Grenze –
PETER Ich bin –
FRANKIE Du wärst nicht einmal –
PETER Ich bin dir –
FRANKIE Nicht einmal ein –
PETER Ich bin dir nichts, nichts –
FRANKIE Nichts, du wärst ein vollkommenes Nichts –
PETER Ich bin dir nichts schuldig –
FRANKIE Ohne mich wärst du nichts, und du wärst nirgendwo.
PETER Du kommst hier nicht weg.

ISABEL Io non mi travesto da bottiglia di ketchup. Io non mi travesto da toast. Non sono mica stupida! Non sono mica stupida!
DIRK Dicono che non hanno intenzione di trattare, ma trattano, di certo non con tutti, ma si tratta, è questo che conta. Cosa accade a quelli con cui non si parla nemmeno?
ISABEL Sì, però –
Breve Pausa.
Non mi ha nemmeno riconosciuta. Cosa vuol dire trattare, non mi ha nemmeno riconosciuta, cosa vuol dire trattare, non sa nemmeno che lavoro qui.
Mi ha persino chiesto che cosa ho fatto negli ultimi anni.
Che cosa intende –
Sì, che cosa ha fatto negli ultimi anni –
Ma Lei mi conosce, conosce il mio contratto – Lo sa che cosa ho fatto negli ultimi anni, la genetta, ho fatto la genetta negli ultimi anni.
Vorrei proprio sapere come si procede ora. Non so cosa potrà accadere!

4.1.

Frankie e Peter. Violenti, ad alta voce, concitati.

FRANKIE Senza di me saresti –
PETER Senza di te sarei –
FRANKIE Senza di me saresti finito.
PETER Senza di te sarei –
FRANKIE Senza di me saresti già da molto tempo bruciato–
PETER C'è un limite.
FRANKIE Un limite –
PETER Io ho –
FRANKIE Che limite –
PETER Io sono –
FRANKIE Tu non saresti neppure –
PETER Io non ti –
FRANKIE Neppure un –
PETER Io nulla, nulla ti –
FRANKIE Nulla, tu saresti il più completo nulla –
PETER Io nulla ti devo –
FRANKIE Senza di me non saresti nulla, e non saresti da nessuna parte.
PETER Questa volta non te la caverai.

Kurze Pause.
Ich habe nie verstanden, was du von mir willst.
Ich bin dir nichts schuldig, nichts –
FRANKIE Ohne mich schaffst du es nicht. Ohne mich bist du nichts.

4.2.

Musik. Auftritt der Tiere: die Ginsterkatze, die Antilope, der Marabu, der Löwe, das Zebra.

DIE GINSTERKATZE Von jeher war das Zebra König im Reich der Tiere, denn das Zebra ist stark und schnell und klug und unbeugsam.
Niemand ist je auf einem Zebra geritten, niemandem ist es je gelungen, das Zebra vor einen Pflug oder einen Karren zu spannen, niemand hat je ein Zebra zähmen können.
DIE ANTILOPE Das Zebra ist frei, und nicht einmal die Moskitos stechen es, denn seine schwarzen und weißen Streifen verwirren die Mücken, sie können das Zebra nicht erkennen, nicht einmal am helllichten Tag. Niemals hat das Zebra einem anderen Tier etwas zuleide getan, denn das Zebra frißt kein Fleisch, das Zebra frißt Gras. So lebte das Zebra in der Steppe Afrikas und herrschte gerecht über die Tiere.
DER MARABU Doch dann forderte der Löwe, der gefürchtete Jäger, die Krone, denn er sei das stärkste der Tiere und habe seit je ein Recht auf den Thron. Dies brüllte der Löwe, und so klang sein Ruf durch die Steppe: Ich bin der König, nicht das Zebra –
DER LÖWE Ich bin der König, nicht das Zebra, ich bin der Herrscher im Reich der Tiere, gebt mir die Krone.
DIE GINSTERKATZE Drei Tage hintereinander war bei Sonnenaufgang und Sonnenuntergang sein wütendes Brüllen zu hören, weit trug der Wind den Ruf des Löwen über die Steppe; es hörten ihn die Tiere, die Antilope, die Gazelle, die Giraffe, der Elefant, das Nashorn, die Skorpione, die Spinnen, die großen und die kleinen Vögel, die Ginsterkatze, und es vernahm ihn auch das Zebra.
DER MARABU Das Zebra rief den Marabu zu sich und ließ ihn, in den Lüften über dem Gras der Steppe kreisend, die große Versammlung aller Tiere einberufen, vor Sonnenuntergang am Wasserloch: Kommt zu der großen Versammlung aller Tiere des Reiches, auf der die Tiere selbst entscheiden sollen, wer von nun an ihr Herrscher sei: das Zebra oder der Löwe.
DIE ANTILOPE Und so fanden sich die Tiere, als die Schatten langsam länger wurden, am Wasserloch ein, um dort Rat zu halten. Die Antilope, die

Breve pausa.
Non ho mai capito che cosa vuoi da me.
Io non ti devo nulla, nulla –
FRANKIE Senza di me non ce la fai. Senza di me sei nulla.

4.2.

Musica. Entrata in scena degli animali: la genetta, l'antilope, il marabù, il leone, la zebra.

LA GENETTA La zebra è da sempre la regina del regno degli animali, perché la zebra è forte e veloce e intelligente e inflessibile. Nessuno ha mai cavalcato una zebra, nessuno è mai riuscito ad attaccare la zebra a un aratro o a un carro, nessuno ha mai saputo domare una zebra.

L'ANTILOPE La zebra è libera, e le zanzare non la pungono nemmeno, perché le sue strisce bianche e nere confondono le zanzare, non riconoscono la zebra, nemmeno in pieno giorno. La zebra non ha mai fatto nulla di male a nessun altro animale, infatti la zebra non si nutre di carne, la zebra mangia l'erba. Così la zebra viveva nella savana africana e regnava rettamente sugli animali.

IL MARABÙ Ma un giorno il leone, il temuto predatore, pretese la corona, perché lui era il più forte degli animali e aveva perciò diritto al trono. Così gridava il leone, e così risuonava il suo grido attraverso la savana: Io sono il re, non la zebra –

IL LEONE Io sono il re, non la zebra, io sono il sovrano del regno degli animali, datemi la corona.

LA GENETTA Si udì il suo grido furioso per tre giorni dall'alba al tramonto, il vento portò lontano per tutta la savana il grido del leone; lo sentirono gli animali, l'antilope, la gazzella, la giraffa, l'elefante, il rinoceronte, gli scorpioni, i ragni, i piccoli e i grandi uccelli, la genetta, e lo percepì anche la zebra.

IL MARABÙ La zebra chiamò a sé il marabù affinché, volando in cerchio sopra l'erba della savana, radunasse la grande assemblea di tutti gli animali, prima del tramonto alla pozza d'acqua: Venite alla grande assemblea di tutti gli animali del regno, in cui gli animali stessi decideranno chi da quel momento in avanti sarà il loro sovrano: la zebra o il leone.

L'ANTILOPE E così, mentre le ombre si allungavano lentamente sul regno, gli animali si ritrovarono alla pozza dell'acqua, per tenere lì consiglio.

Ginsterkatze, der Marabu, das Zebra, der Löwe, die Giraffe, die Gazelle, das Nashorn, der Elefant und all die anderen.

Ein heißer Tag geht zu Ende. Die Regenzeit ist vorbei. Das Gras steht hoch in der Steppe. Bald wird die Sonne untergehen.

DER MARABU Und dann begann die Versammlung. Hier saß der Löwe, und dort saß das Zebra. Da stand der große Elefant, der alte Geheime Rat des Reiches der Tiere, und erhob, als auch der letzte Untertan seinen Platz gefunden hatte, das Wort: Wir haben uns heute hier versammelt, um zu entscheiden, wer unser König sein soll. Das Zebra hat uns seit Jahren gut regiert, nun fordert der Löwe die Krone, denn der Löwe, so sagt er, ist stärker als das Zebra.

DER LÖWE So ist es, brüllte der Löwe. Ich fordere zu Recht die Krone, ich bin der König der Tiere. Unruhe. Die kleinen Vögel begannen zu schnattern, alle sprachen aufgeregt durcheinander, die Kolibris und die Bienen und die Mäuse.

DER MARABU Ruhe, sagte der Elefant, Ruhe.

Warum solltest du Löwe König werden, weil du stärker bist als das Zebra? Viele Tiere sind stärker als das Zebra, und viele Tiere sind stärker als du.

DER LÖWE Welches Tier, zeig mir das Tier, das stärker ist als ich, schrie der Löwe.

DER MARABU Das Nashorn ist stärker als du, entgegnete der Elefant, und das Nilpferd, und auch ich – und dabei senkte der Elefant bedrohlich seine langen Stoßzähne.

DIE ANTILOPE Ja, rief das Nashorn, ich bin stärker als du, warum darf ich nicht unser neuer König sein?

DER LÖWE Weil ich klüger bin, rief da der Löwe.

DER MARABU Klüger als das Zebra magst du sein, entgegnete der Elefant, aber klüger als das Zebra sind manche Tiere: die Hyäne und die Schlange und die Spinne und der Skorpion –

DIE GINSTERKATZE Ja, schrie da der Skorpion, ich will König der Tiere sein!

DER LÖWE Du lebst im Schatten unter einem Stein, rief der Löwe, ich aber durchmesse mit langen Schritten die Steppe.

DIE GINSTERKATZE Das tue ich auch, rief der Vogel Strauß.

DAS ZEBRA Das Zebra hatte bisher zu all dem geschwiegen. Nun aber sprach es:

Ja, das stimmt, du durchmißt unser Reich mit langen Schritten – doch sind deine Schritte nicht so gewaltig wie die des Elefanten und nicht so lang wie die der Giraffe, dafür läufst du allerdings auf mächtigen, gefährlichen Tatzen.

L'antilope, la genetta, il marabù, la zebra, il leone, la giraffa, la gazzella, il rinoceronte e tutti gli altri.
Una calda giornata volge al termine. La stagione delle piogge è passata. L'erba si leva alta sulla savana. Tra poco tramonterà il sole.
IL MARABÙ E poi iniziò l'assemblea. Qui sedeva il leone, e là sedeva la zebra. Là stava il grande elefante, il vecchio consigliere segreto del regno degli animali, e non appena anche l'ultimo suddito ebbe trovato posto, prese la parola:
Ci siamo riuniti qui oggi per decidere chi dovrà essere il nostro re.
La zebra ha ben governato su di noi per anni, ora il leone pretende la corona, poiché il leone, così dice lui, è più forte della zebra.
IL LEONE Così è, ruggì il leone. Ho diritto di pretendere la corona, io sono il re degli animali.
Agitazione. I piccoli uccelli iniziarono a starnazzare, tutti parlavano in un disordine eccitato, i colibrì e le api e i topi.
IL MARABÙ Silenzio, disse l'elefante, silenzio.
Per quale ragione dovresti tu, leone, diventare re, perché tu sei più forte della zebra? Molti animali sono più forti della zebra, e molti animali sono più forti di te.
IL LEONE Quale animale, mostrami animale che è più forte di me, urlò il leone.
IL MARABÙ Il rinoceronte è più forte di te, replicò l'elefante, e l'ippopotamo, e anche io – e nel dire ciò abbassò minacciosamente le sue zanne.
L'ANTILOPE Sì, gridò il rinoceronte, io sono più forte di te, Perché non posso essere io il nostro nuovo re?
IL LEONE Perché io sono più astuto di te, gridò allora il leone.
IL MARABÙ Forse sarai più astuto della zebra, replicò l'elefante, ma molti animali sono più astuti della zebra: le iene e i serpenti e i ragni e lo scorpione –
LA GENETTA Sì, urlò lo scorpione, io voglio essere il re degli animali!
IL LEONE Tu vivi nell'ombra sotto una roccia, gridò il leone, io invece attraverso fieramente a lunghi passi la savana.
LA GENETTA Lo faccio anch'io, gridò lo struzzo.
LA ZEBRA La zebra aveva taciuto fino a quel momento.
Ora però disse:
Sì, è vero, tu misuri il nostro regno con lunghi passi, – ma i tuoi passi non sono così poderosi come quelli dell'elefante e nemmeno così lunghi come quelli della giraffa, ma in cambio ti muovi su potenti, pericolose zampe.

Oft aber versteckst du dich im hohen Gras. Oft kriechst du geduckt vorwärts, gegen den Wind, oft suchst du den Schutz der Nacht, und dann bist du auf der Jagd, dann bist du auf der Suche nach Fleisch, und nur das Tier ist vor dir sicher, das dich früh genug bemerkt und fliehen kann, sonst tötest du es mit einem Biß in den Nacken und weidest es aus. Wie willst du König der Tiere sein, wenn du in deinem Reich als Jäger deiner eigenen Untertanen umherziehst?

DIE ANTILOPE Wieder begannen die kleinen Tiere aufgeregt durcheinander zu reden, die Kolibris und die Bienen und die Mäuse.

DER LÖWE Da erhob sich der Löwe, der gefürchtete Jäger, und sagte: Es mag sein, daß es Tiere gibt, die stärker als ich sind. Es mag sein, daß es Tiere gibt, die größer als ich sind, und welche, die klüger als ich sind.

Aber – und jetzt begann seine Stimme bedrohlich zu grollen – dennoch fordere ich Krone und Zepter, denn es gibt kein Tier, ob groß, ob stark, ob klein, ob klug, ob bunt oder schwarzweiß gestreift, das mich besiegen kann.

DIE GINSTERKATZE Mit einem Mal dreht sich der Wind. Der Marabu schwingt sich in die Luft. Die Tiere wittern die Gefahr sofort, und die wittert auch der Löwe:

Rauch. Es brennt. Die Steppe brennt. In der Ferne ist der Himmel bereits rot von Flammen. Keiner weiß, wohin.

Die Tiere stürzen auf der Flucht vor dem Feuer davon.

5.

Peter und Dirk.

PETER Ist die noch da? Ich dachte, die ist nicht mehr da –
DIRK Hat die nicht aufgehört? Die hatte doch aufgehört –
PETER Oder – die hat doch – oder ist die wieder da –
DIRK Wieder? Vielleicht ist die wieder da.
PETER Die war doch weg. Die war weg.
DIRK Weg, ja – Aber das war sie doch – oder? Vielleicht war sie das ja nicht.
PETER Das war sie –
DIRK Dann ist sie wieder da.
PETER Wenn sie es war.
DIRK Du mußt es wissen.
PETER Ich?
DIRK Du.
Kurze Pause.
Die hat doch ein Kind gekriegt.
PETER Keine Ahnung.

Spesso però ti nascondi nell'erba alta. Spesso strisci rannicchiato in avanti, controvento, spesso cerchi la protezione della notte, e poi vai a caccia, e poi sei alla ricerca di carne, e solo l'animale che si accorge di te con sufficiente anticipo e che può scappare è al sicuro da te, sennò lo uccidi con un morso alla nuca e lo sbudelli. Come puoi pensare di diventare il re degli animali, se tu nel tuo stesso regno sei il predatore dei tuoi stessi sudditi?

L'ANTILOPE Di nuovo i piccoli animali iniziarono a parlare in un disordine concitato, i colibrì e le api e i topi.

IL LEONE Allora il leone, il temuto predatore, si alzò e disse: Può essere che esistano animali più forti di me. Può essere che ci siano animali più grandi di me e altri più astuti di me.

Ma – e ora la sua voce iniziò a rimbombare minacciosa – ciononostante pretendo la corona e lo scettro, poiché non c'è nessun animale che pur grande, forte, piccolo, astuto, colorato o a strisce bianconere, possa battermi.

LA GENETTA Tutto ad un tratto gira il vento. Il marabù prende il volo. Gli animali fiutano subito il pericolo e lo fiuta anche il leone:

Fumo. Brucia. La savana brucia. In lontananza il cielo è già rosso per le fiamme. Nessuno sa dove andare.

Gli animali fuggono precipitosamente per sottrarsi alle fiamme.

5.

Peter e Dirk.

PETER È ancora qui? Credevo che non fosse più qui –
DIRK Non aveva smesso? Sì aveva smesso –
PETER O – aveva – o è di nuovo qui.
DIRK Di nuovo? Forse è di nuovo qui.
PETER Ma se n'era andata via. Se n'era andata via.
DIRK Via, sì – Ma era lei – giusto? Forse non era lei.
PETER Era lei –
DIRK Allora è di nuovo qui.
PETER Se è lei.
DIRK Tu devi saperlo.
PETER Io?
DIRK Tu.
Breve pausa.
Ma ha avuto un bambino.
PETER Non ne ho idea.

DIRK Die war nicht mehr dabei, weil sie ein Kind gekriegt hat.
PETER Keine Ahnung.
DIRK Und jetzt ist sie wieder da. Wenn sie es war –
PETER Kann sein. Kann auch nicht sein. Schwer zu sagen.
DIRK Hattet ihr nicht was miteinander? Warst du nicht mal mit der zusammen?
PETER Früher. Kurz.
DIRK Also –
PETER Aber mit den Hörnern –
Kurze Pause.
Nicht zu erkennen. Wenn das Gesicht so – nicht zu erkennen.
Kurze Pause.
Aber am Wasserloch habe ich gedacht: Vom Arsch her: ja, gut möglich.
Kurze Pause.
Am Wasserloch, als sie sich mit den anderen zum Trinken herunterbeugte, da dachte ich: Ja, das ist der Arsch. Hallo, Arsch. Der Arsch ist so wie immer.

6.

Sandra, die Antilopenfrau, allein.

SANDRA Ich habe gedacht, nach einer so langen Zeit, nach so vielen Monaten, nach mehr als zehn Monaten, gehe ich durchs Haus und sage den Leuten hallo. Und ich sage, daß ich mich freue, wieder da zu sein. Ich freue mich, wieder da zu sein.
Wieso, fragt sie mich.
Wieso –
Wieso, waren Sie weg, waren Sie krank? Hatte ich gar nicht bemerkt –
Die hat nicht bemerkt, daß ich weg war. Zehn Monate lang. Mehr als zehn Monate lang.
Kurze Pause.
Und keiner fragt nach dem Kind.
Kurze Pause.
Keiner fragt nach dem Kind. Keiner fragt, was es ist, ein Junge oder ein Mädchen. Und keiner fragt, wie es heißt.

DIRK Non recitava più perché ha avuto un bambino.
PETER Non ne ho idea.
DIRK E ora è di nuovo qua. Se era lei –
PETER Può essere. Può anche non essere. Difficile a dirsi.
DIRK Ma non avevate qualcosa voi due? Non eri stato con lei?
PETER Una volta. Per poco tempo.
DIRK Quindi –
PETER Ma con le corna –
Breve pausa.
Irriconoscibile. Se il viso era così – irriconoscibile.
Breve pausa.
Ma alla pozza dell'acqua ho pensato: Forse dal culo potrebbe essere lei: sì possibile.
Breve pausa.
Alla pozza dell'acqua, quando si è chinata con gli altri per bere, allora ho pensato: Sì, è quello il culo. Ciao, culo. Il culo è quello di sempre.

6.

Sandra, la donna antilope, sola.

SANDRA Ho pensato, dopo così tanto tempo, dopo così tanti mesi, dopo più di dieci mesi, giro per l'edificio e saluto le persone. E le dico che sono felice di essere di nuovo qui. Sono felice di essere di nuovo qui.
Perché, mi chiede lei.
Perché –
Perché, è stata, è stata malata? Non me ne ero nemmeno accorta –
Non si era nemmeno accorta che ero stata via. Per dieci mesi. Per più di dieci mesi.
Breve pausa.
E nessuno chiede del bambino.
Breve pausa.
Nessuno chiede del bambino. Nessuno chiede che cos'è, se è un maschio o una femmina. E nessuno chiede come si chiama.

7.

Isabel und Frankie.

FRANKIE Kommst du nachher mit zu der –
ISABEL *wickelt sich eine Bandage vom Fuß.*
SSSSSSSsssssssssssssssssssss
FRANKIE Hm?
ISABEL Kannst du dir das mal ansehen –
FRANKIE Was?
ISABEL Das hier, sieh dir bitte das mal an.
Frankie beugt sich zu der Stelle. Er zuckt zurück, es stinkt.
FRANKIE Was ist mit dem Nagel?
ISABEL Was ist mit dem Nagel?
FRANKIE Das frage ich dich, was ist mit ihm?
ISABEL Ich weiß nicht, keine Ahnung – ich weiß nicht –
FRANKIE Ich sehe ihn nicht –
ISABEL Wieso?
FRANKIE Ich kann ihn nicht sehen –
ISABEL Wo ist er denn?
FRANKIE Nicht da –
ISABEL *atmet schmerzverzerrt ein.* Sssssss
FRANKIE Nicht da. Der Nagel ist ab.
ISABEL *atmet schmerzverzerrt aus.* Haaaahaaahhh.
FRANKIE *nimmt die blutige Bandage, wickelt sie auf; hält den Nagel in der Hand.* Hier –
ISABEL *atmet schmerzverzerrt ein.* Sssssss
Erschrecken.
Was ist das?
FRANKIE Der Nagel –
ISABEL Mein Nagel?
FRANKIE Abgerissen.
ISABEL Leg ihn drauf. Leg ihn wieder drauf –
FRANKIE Wo –
ISABEL Leg ihn auf den Zeh.
FRANKIE Das bringt nichts –
ISABEL Leg ihn wieder drauf –
FRANKIE Das tut nur noch mehr weh –
ISABEL Mach, mach schon.
FRANKIE Das ist alles offen –

7.

Frankie e Isabel.

FRANKIE Vieni dopo con me alla –
ISABEL *Si toglie una fascia dal piede.*
SSSSSsssssssssssssss
FRANKIE Hm?
ISABEL Puoi darci un'occhiata –
FRANKIE A che cosa?
ISABEL Qua, per favore dacci un'occhiata.
Frankie si china sul posto. Indietreggia. Puzza.
FRANKIE Cosa è successo all'unghia?
ISABEL Cosa è successo all'unghia?
FRANKIE Te lo chiedo io, cosa le è successo?
ISABEL Non lo so, non ne ho idea – non lo so –
FRANKIE Io non la vedo –
ISABEL Perché?
FRANKIE Io non riesco a vederla –
ISABEL Dov'è allora?
FRANKIE Non lì –
ISABEL *Inspira dolente.* Ssssss
FRANKIE Non è lì. L'unghia non c'è più.
ISABEL *Espira con una smorfia di dolore.* Haaaaahahahaha.
FRANKIE *Toglie la fasciatura insanguinata, la avvolge; tiene in mano l'unghia.* Eccola –
ISABEL *Inspira gemendo.* Sssssss
Sussulto di spavento.
Che cos'è?
FRANKIE L'unghia–
ISABEL La mia unghia?
FRANKIE Strappata.
ISABEL Rimettila a posto. Rimettila di nuovo a posto –
FRANKIE Dove –
ISABEL Rimettila di nuovo sul dito.
FRANKIE Non serve a nulla –
ISABEL Rimettila di nuovo a posto –
FRANKIE Ma fa solo ancora più male –
ISABEL Fallo, fallo, non ti preoccupare.
FRANKIE È tutto aperto –

ISABEL Deshalb sage ich doch: Leg ihn wieder drauf –
Isabel nimmt selbst den Nagel, legt ihn auf die Stelle, an der er einmal war, und bandagiert sich ihren Fuß. Dabei versucht sie, durch das gezielte Ausstoßen kurzer Schreie, den Schmerz zu steuern, humpelt dann ab.

8.

Musik. Die Tiere: die Antilope, der Löwe, das Zebra, der Marabu, die Ginsterkatze.

DIE ANTILOPE Die Steppe brennt. Die Tiere fliehen, aber die Flammen sind schneller, der Wind treibt das Feuer immer weiter. Das Reich der Tiere steht in Flammen, und die Flammen jagen schneller über die Steppe, als die Antilope und die Ginsterkatze springen können, schneller, als der Marabu fliegen kann, schneller als das Zebra, schneller als der Löwe, die Gefahr kommt immer näher.

DER MARABU Da erreichen die Tiere einen breiten Fluß. Schon nimmt ihnen der Rauch den Atem. Kommt doch, kommt doch, ruft der Marabu, der bereits über dem Wasser flattert, kommt doch, und dann stürzen sich die Gazelle und die Antilope ins Wasser, die Giraffe und die Ginsterkatze, die Mäuse, die Schlangen und der Skorpion, das Nashorn und der Elefant.

DAS ZEBRA Nur das Zebra bleibt am Ufer zurück, achtsam besorgt, daß auch jedes der Tiere den Sprung in das rettende Wasser wagt – die Spinnen, der Vogel Strauß –

DER LÖWE Und der Löwe bleibt zurück, denn der Löwe, das wilde Tier, kennt, anders als das Zebra, die Furcht.

Der Löwe fürchtet die Peitsche des Menschen, der ihn sich im Zirkus untertan machen kann, und der Löwe fürchtet das Wasser, denn er kann nicht schwimmen.

DAS ZEBRA Spring auf, ruft das Zebra zu dem Löwen, zu seinem schlimmsten Feind, ich trage dich auf die andere Seite. Ich schwimme mit dir auf die andere Seite –

DER LÖWE Der Löwe brüllt die Flammen an –

DAS ZEBRA Spring auf!

DER LÖWE Der Löwe dreht sich im Kreis und brüllt und faucht, und erst als die Quaste seines Schwanzes bereits brennt, springt er auf das Zebra, und das Zebra schwimmt mit ihm durch den Fluß.

DAS ZEBRA Das Zebra versucht mit dem Löwen auf seinem Rücken auf die andere Seite des Flusses zu gelangen. Über der Wasseroberfläche tauchen die Augen des Krokodils auf.

ISABEL Per questo ti dico: Rimettila di nuovo a posto –
Isabel si riprende da sola l'unghia, la rimette nel punto dove era prima, e si fascia il piede. Nel frattempo cerca di controllare il dolore, emettendo brevi urla in modo mirato, poi si allontana arrancando.

8.

Musica. Gli animali: l'antilope, il leone, la zebra, il marabù, la genetta.

L'ANTILOPE La savana brucia. Gli animali scappano, ma il fuoco è più veloce, il vento fa dilagare il fuoco. Il regno degli animali è in fiamme, e le fiamme a caccia di vittime attraversano la savana più veloce di quanto l'antilope e la genetta possano saltare, più veloce di quanto il marabù possa volare, più veloce della zebra, più veloce del leone, il pericolo si avvicina sempre di più.

IL MARABÙ Allora gli animali raggiungono un ampio fiume. Il fumo toglie loro già il respiro. Venite, venite, grida il marabù, che svolazza già sopra l'acqua, venite, e poi la gazzella e l'antilope si gettano in acqua, la giraffa e la genetta, i topi, i serpenti e lo scorpione, il rinoceronte e l'elefante.

LA ZEBRA Solo la zebra rimane indietro sulla riva, preoccupata e attenta che ognuno degli animali salti nell'acqua salvatrice – i ragni, lo struzzo –

IL LEONE E il leone rimane indietro, perché il leone, l'animale selvaggio, al contrario della zebra conosce la paura.

Il leone teme la frusta dell'uomo che può sottometterlo nel circo, e il leone teme l'acqua, perché non sa nuotare.

LA ZEBRA Salta su, grida la zebra al leone, al suo peggior nemico, ti porto io dall'altro lato. Nuoto con te fino all'altro lato –

IL LEONE Il leone ruggisce verso le fiamme –

LA ZEBRA Salta su!

IL LEONE Il leone ruota su sé stesso in cerchio e ruggisce e ringhia, e proprio quando la nappa della sua coda già brucia, salta sulla zebra, e la zebra attraversa il fiume a nuoto portandolo con sé.

LA ZEBRA La zebra cerca di raggiungere l'altro lato del fiume con il leone sulla schiena. Sulla superficie dell'acqua emergono gli occhi del coccodrillo.

DIE ANTILOPE Das Krokodil, ruft die Antilope, die längst wie die übrigen Tiere das andere Ufer erreicht hat.
DIE GINSTERKATZE Das Krokodil, ruft die Ginsterkatze. Das Krokodil ist keine zwei Meter mehr von Zebra und Löwe entfernt, und schon reißt es sein tödliches Maul auf.

9.

Frankie.

FRANKIE Wir haben mal gesagt, wenn das hier vorbei ist, wenn das alles vorüber ist – nach der langen Zeit – dann machen wir etwas ganz anderes. Wenn die hier mal dichtmachen. Wenn die uns auf die Straße setzen.
 Dann denken wir uns selber etwas aus, unsere eigene Geschichte.
 Ohne Peter wäre ich nie auf die Idee gekommen – aber Peter auch nicht ohne mich.
 Die Idee ist ganz einfach:
 Zwei Männer, Schauspieler, verlieren ihre Arbeit.
 Und sie finden keine neue Arbeit. Sie bewerben sich, sie verschicken Briefe, Photos, Lebensläufe. Einer der beiden kauft von seinem letzten Geld eine Karte für eine Benefizgala, um mit den richtigen Leuten in Kontakt zu kommen. Es gelingt nicht. Es gibt keine Jobs.
 Die einzigen Jobs, die es gibt, sind für Frauen.
 Also verkleiden sich die beiden arbeitslosen Schauspieler als Frauen. Sie landen bei einer Reinigungsfirma, die die beiden in eine Putzkolonne steckt. Eine Türkin, eine Bolivianerin, eine Polin, eine Deutsche, eine Italienerin. Keine der Frauen spricht dieselbe Sprache. Dazu die beiden Männer: Der eine gibt sich als Libanesin aus, der andere als Iranerin. Beide tragen Kopftücher. Sie kommunizieren in einem erfundenen Arabisch.
 Lauter Frauen und zwei verkleidete Männer.

10.

Dirk und Sandra.

SANDRA Gehst du nachher auch zu dem –
Dirk stöhnt.
DIRK Kannst du mal nachsehen, kannst du bitte mal nachsehen, was da ist –
SANDRA Was?
DIRK Das tut weh, da tut es etwas weh, aaaah –

L'ANTILOPE Il coccodrillo, grida l'antilope, che già da molto tempo ha raggiunto la riva come gli altri animali.
LA GENETTA Il coccodrillo, urla la genetta. Il coccodrillo ormai è a meno di due metri dalla zebra e dal leone, e già spalanca le sue fauci letali.

9.

Frankie.

FRANKIE Abbiamo detto una volta, quando questo sarà finito, quando tutto questo sarà passato, allora faremo qualcosa di completamente diverso. Chissà quando questi chiuderanno baracca. Quando ci metteranno sulla strada.
Allora ci inventeremo qualcosa, la nostra storia personale.
Senza Peter non mi sarebbe mai venuto in mente – ma anche a Peter senza di me.
L'idea è molto semplice:
Due uomini, due attori, perdono il lavoro.
E non ne trovano uno nuovo. Si candidano, mandano in giro lettere, foto, curricula. Uno dei due compra con i suoi ultimi risparmi un biglietto per una serata di beneficenza, per poter incontrare le persone giuste. Niente da fare. Di lavori non ce n'è.
Gli unici lavori che ci sono, sono per donne.
Allora i due attori disoccupati si travestono da donne. Finiscono in un'impresa di pulizie che li mette in un gruppo di donne delle pulizie. Una turca, una boliviana, una polacca, una tedesca, un'italiana. Nessuna di loro parla la stessa lingua. Neppure i due uomini: uno si finge libanese e l'altro iraniana. Entrambi portano il velo. Si parlano in un arabo inventato.
Solo donne e due uomini travestiti.

10.

Dirk e Sandra.

SANDRA Dopo vai anche tu al –
Dirk si lamenta.
DIRK Puoi vedere, puoi per favore vedere, che cos'è –
SANDRA Cosa?
DIRK Fa male, fa un po' male, aaah –

SANDRA Wo?
DIRK Hier, hier, da –
SANDRA *untersucht eine Wunde in Dirks Nacken.* Oh –
DIRK Was –
SANDRA *die Tiefe der Verletzung erst jetzt in vollem Umfang ermessend* Auahh –
DIRK Was ist –
SANDRA *medizinisch pessimistisch* Mmh –
DIRK Was ist da –
SANDRA Sieht schlimm aus.
DIRK Was ist da?
SANDRA Oh, das sieht nicht gut aus.
DIRK Aaah –
SANDRA O Gott, das sieht schlimm aus.
DIRK Es brennt so.
SANDRA Offen. Eitert.
DIRK Wo?
SANDRA Hier, unter den Federn. Alles vereitert.
DIRK O nein –
SANDRA *tupft in der Wunde rum.* Ein richtiges Loch. Ein richtiges Loch in der Haut. Wie kommt das denn –
DIRK Die Federn werden aufgeklebt und wieder abgerissen. Immer wieder abgerissen. Und wieder aufgeklebt. Die Stelle ist seit Jahren entzündet –
SANDRA Laß sie doch dran.
DIRK Ich kann doch so nicht auf die Straße gehen. Mit den Federn im Nacken.

11.

Kurze Musik.

Die Tiere.
Das Zebra trägt den Löwen durch den Fluß.
Ein Krokodil kommt näher.

SANDRA Dove?
DIRK Qui, qui, là –
SANDRA *esamina una ferita sulla nuca di Dirk.* Oh –
DIRK Cosa –
SANDRA *prendendo coscienza solo ora completamente della profondità della ferita* Ahiaaa –
DIRK Che cos'è –
SANDRA *col tono pessimista di un medico* Mmh –
DIRK Che cos'è –
SANDRA Ha una brutta faccia.
DIRK Che cos'è?
SANDRA Oh, non ha un bell'aspetto.
DIRK Aaah –
SANDRA Oddio, ha una brutta faccia.
DIRK Brucia così tanto.
SANDRA Aperta. Fa pus.
DIRK Dove?
SANDRA Qui, sotto le piume. È tutto pieno di pus.
DIRK O no –
SANDRA *tocca la ferita.* Un vero e proprio buco. Un vero e proprio buco nella pelle. Come è successo –
DIRK Le piume vengono incollate e di nuovo tolte. Ogni volta tolte e poi ogni volta incollate. La zona è infiammata da anni –
SANDRA Non toglierle.
DIRK Non posso mica andare in giro così. Con le piume sulla nuca.

11.

Breve momento musicale.

Gli animali.
La zebra attraversa il fiume con il leone sulla schiena.
Si avvicina un coccodrillo.

12.

Isabel.

ISABEL Ein Ei, ein Spiegelei, trotzdem kahl. Ebenso eine Ketchupflasche, eine Pfeffermühle, ein Toast, alle kahl, schweigend, sich gegenüberstehend. Sind das Gegenstände, oder sind das Häftlinge? Gefangene? Was ist das, das Schweigen der Welt? Das Frühstücksnichts? Das Aushalten? Stehen sich gegenüber, schweigend, massiv, später erniedrigen sie sich gegenseitig, sie demütigen sich.
Das ist eine Anweisung. Das ist ein wichtiger Hinweis – aber was heißt das?

13.

Kurze Musik. Die Tiere: der Marabu, der Löwe, das Zebra, die Antilope, die Ginsterkatze.

DER MARABU Das Krokodil reißt seinen tödlichen, immer gierigen Rachen auf, schon hat es das Zebra und den Löwen erreicht, und aufgeregt, voll blutgieriger Vorfreude, peitscht sein langer Schwanz das Wasser, als der Löwe mit einem einzigen Hieb seiner Tatze das Krokodil erschlägt. Tot sinkt der Körper des Krokodils herab auf das Bett des Flusses.
 DER LÖWE Ohne mich hätte das Krokodil dich gefressen, sagt, auf dem Rücken des Zebras am anderen Ufer angekommen, der Löwe.
 DAS ZEBRA Ohne mich wärest du untergegangen, verbrannt, antwortet das Zebra.
 DER LÖWE UND DAS ZEBRA Als das Zebra und der Löwe in den Fluß sprangen, waren sie noch in der Not Verbündete, als sie aber am anderen Ufer ankamen, waren sie Feinde.
 DIE ANTILOPE Es gab Tiere, die nun sagten, das Zebra sei König der Tiere, denn ohne das Zebra wäre der Löwe verbrannt oder im Fluß ertrunken.
 DIE GINSTERKATZE Aber es gab auch andere Tiere, die sagten, daß ohne den Löwen das Zebra von dem Krokodil in Stücke gerissen worden wäre und daß nur ein einziges Tier das Krokodil besiegen konnte und daß deshalb von nun an der Löwe König der Tiere sein müsse.
 DIE ANTILOPE Aber wenn das Zebra den Löwen nicht durch das Wasser getragen hätte –
 DER MARABU Aber wenn der Löwe das Krokodil nicht getötet hätte –

12.

Isabel.

ISABEL Un uovo, un uovo al tegame, ciononostante calvi. Così anche una bottiglia di ketchup, un macinapepe, un toast, tutti calvi, in silenzio, stanno uno davanti all'altro. Sono degli oggetti, o sono dei carcerati? Prigionieri? Che cos'è, il silenzio del mondo? La colazione del nulla? La resistenza? Stanno uno accanto all'altro, in silenzio, imponenti, poi si denigrano l'un l'altro, si umiliano.
È una disposizione. Un'indicazione importante – ma cosa significa?

13.

Breve momento musicale. Gli animali: il marabù, il leone, la zebra, l'antilope, la genetta.

IL MARABÙ Il coccodrillo spalanca le sue fauci letali e sempre avide, ha già raggiunto la zebra e il leone ed eccitato, pregustando un gioia sanguinaria, frusta l'acqua con la sua lunga coda, quando il leone con un solo colpo di zampa abbatte il coccodrillo. Morto, il corpo del coccodrillo sprofonda giù, sul letto del fiume.
IL LEONE Senza di me il coccodrillo ti avrebbe mangiato, dice il leone, dopo essere giunto sulla schiena della zebra sull'altra riva.
LA ZEBRA Senza di me saresti annegato, bruciato, risponde la zebra.
IL LEONE E LA ZEBRA Quando la zebra e il leone si gettarono nel fiume, erano alleati nel bisogno, quando però furono sull'altra sponda, erano nemici.
L'ANTILOPE C'erano animali che ora dicevano che la zebra era il re degli animali, poiché senza la zebra il leone sarebbe bruciato o annegato nel fiume.
LA GENETTA Ma c'erano altri animali, che dicevano che senza il leone la zebra sarebbe stata fatta a pezzi dal coccodrillo e che solo un animale era in grado di sconfiggere il coccodrillo e che perciò da ora in poi il leone avrebbe dovuto essere il re degli animali.
L'ANTILOPE Ma se la zebra non avesse trasportato il leone sul fiume –
IL MARABÙ Ma se il leone non avesse ucciso il coccodrillo –

14.

Isabel und Peter.

PETER Nein. Der Garten der Dinge. Nein.
ISABEL Geh hin. Hörs dir an.
PETER Nein.
ISABEL Frankie geht hin.
PETER Frankie, ja, Frankie, weißt du was, Frankie hat Scheiße im Hirn, also soll er sich die Scheiße auch anhören, ich hör mir das nicht an. Ich gehe da nicht hin.

15.

Frankie allein.

FRANKIE Ohne mich wäre er nie auf die Idee mit den Frauen gekommen.
Die Putzkolonne mit den beiden arbeitslosen Schauspielern reinigt jeden Morgen ab 4 Uhr 30 die Räume eines großen Bankhauses. Ein gläserner Turm im Morgengrauen.
Immer wieder aberwitzige Situationen, besonders mit den Kolleginnen, das erfundene Arabisch.

16.

Kurze Musik. Die Tiere.

DER LÖWE Es standen die Tiere in zwei Gruppen. Die einen bewunderten die Kräfte des Löwen und schworen, ihm untertan zu sein: Der Gepard war darunter, der Puma, der Panther, der Jaguar, die Ginsterkatze, auch der Skorpion und die Schlange, die Termiten, die Spinne, die Hyäne und die Geier.
DAS ZEBRA Die anderen fürchteten die Kraft des Löwen und seine Zähne, und deshalb standen sie bei dem Zebra: Der Elefant, das Nashorn, die Antilope, die Giraffe, und da waren auch die Gazelle und die Bienen.
Nur der Marabu, der Storch der Steppe, flog aufgeregt von der einen Gruppe zur anderen.
DIE GINSTERKATZE Was nun? Die Sonne ging unter. Die Tiere legten sich schlafen.

14.

Isabel e Peter.

PETER No. Il giardino delle cose. No.
ISABEL Vacci. Ascoltalo.
PETER No.
ISABEL Frankie ci va.
PETER Frankie, sì, Frankie, beh sai una cosa, Frankie ha merda nel cervello, quindi che se la ascolti pure, la merda, io non me la ascolto. Io non ci vado.

15.

Frankie solo.

FRANKIE Senza di me non sarebbe mai arrivato all'idea delle donne.
Il gruppo di donne delle pulizie con i due attori disoccupati pulisce ogni mattina alle 4.30 i locali di una grande banca. Una torre di vetro all'alba.
Ancora e ancora situazioni ridicole, in particolare con le colleghe, l'arabo inventato.

16.

Breve momento musicale. Gli animali.

IL LEONE Gli animali erano divisi in due gruppi. Alcuni ammiravano la forza del leone e giuravano che sarebbero stati suoi sudditi: tra questi c'erano il ghepardo, il puma, la pantera, il giaguaro, la genetta, anche lo scorpione e il serpente, le termiti, il ragno, la iena e gli avvoltoi.
LA ZEBRA Gli altri temevano la forza del leone e i suoi denti e perciò stavano dalla parte della zebra: l'elefante, il rinoceronte, l'antilope, la giraffa e tra questi c'erano anche la gazzella e le api.
Solo la cicogna della savana, il marabù, volava agitato da un gruppo all'altro.
LA GENETTA E ora? Il sole stava tramontando. Gli animali si misero a dormire.

DER LÖWE In der Nacht aber ging der Löwe lautlos zwischen den schlafenden Tieren umher.
DIE ANTILOPE Die Antilope erwachte in der Mitte der Nacht, denn sie spürte den warmen Atem des Löwen in ihrem Nacken. Was willst du von mir?
DER LÖWE Und der Löwe flüsterte: Ich bewundere deine Schönheit, ich liebe dich, ich liebe dich seit langer Zeit, und wenn ich König der Tiere bin, sollst du meine Königin sein, die Königin der Tiere.
DIE ANTILOPE Das gefiel der Antilope.

17.

Peter, Dirk.

PETER Längst haben die zwei verkleideten Männer beschlossen, die Bank auszurauben, in der sie jeden Morgen putzen. Schließlich überweisen sie, während sie scheinbar gerade in der Chefetage die Ledersessel reinigen, auf einem nicht verfolgbaren Weg hundert Millionen Dollar auf ein Schweizer Konto.

Natürlich sind die anderen Frauen, die Bolivianerin, die Vietnamesin, die Polin und so weiter längst mit Teil des Plans – das stellt sich irgendwann überraschenderweise heraus –, und als sich die Frauen schließlich mit einem Boot über den Bodensee in die Schweiz absetzen, verkleiden sie sich alle als Geschäftsmänner. Im letzten Bild sehen wir sie in Nadelstreifenanzügen, mit Dreitagebärten, Sonnenbrillen und kurzen Männerhaarschnitten. Ihre Krawatten flattern im Wind.

Und du stehst dann als Mann, der sich als Frau verkleidet, die sich als Mann verkleidet am Steuer eines Motorboots auf dem Bodensee, auf dem Weg in die Freiheit.

DIRK Aber das war doch Frankies Idee –
PETER Frankie? Wieso Frankie? Wieso Frankies Idee –
DIRK Hast du die Idee nicht mit Frankie entwickelt?
PETER Ja, aber das ist doch nicht Frankies Idee. Das ist meine Idee. Und das ist auch deine Idee, das mit den Anzügen und den Krawatten ist deine Idee –

18.

Kurze Musik, die Tiere.

DER MARABU In der Nacht, als alle Tiere schliefen, kam der Löwe zu dem Marabu und weckte ihn mit den folgenden Worten:

IL LEONE Di notte però il leone si aggirava silenzioso tra gli animali che stavano dormendo.
L'ANTILOPE L'antilope si svegliò nel bel mezzo della notte, poiché avvertì il respiro caldo del leone sul suo collo. Che cosa vuoi da me?
IL LEONE E il leone sussurrò: Ammiro la tua bellezza, ti amo, ti amo da molto tempo, e quando sarò il re degli animali, tu sarai la mia regina, la regina degli animali.
L'ANTILOPE Tutto ciò piacque all'antilope.

17.

Peter, Dirk.

PETER Da molto tempo i due uomini travestiti hanno deciso di derubare la banca nella quale ogni mattina fanno le pulizie. Infine, proprio mentre stanno pulendo le poltrone in pelle ai piani alti, trasferiscono per vie oscure un milione di dollari su un conto svizzero.
Naturalmente le altre donne, la boliviana, la vietnamita, la polacca e così via fanno già tutte parte del piano – è quello che si scoprirà poi, sorprendentemente –, e quando infine le donne se ne scappano in Svizzera attraversando in barca il lago di Costanza si travestono tutte da uomini d'affari. Nell'ultima istantanea le vediamo in completi gessati, con una barba di tre giorni, occhiali da sole e un taglio di capelli corto, tipicamente maschile. Le cravatte svolazzano nel vento.
E allora tu stai lì in piedi, come un uomo che si traveste da donna, che a sua volta si traveste da uomo, alla guida di una barca a motore sul lago di Costanza, sulla strada verso la libertà.
DIRK Ma era un'idea di Frankie –
PETER Frankie? Perché Frankie? Perché è un'idea di Frankie –
DIRK Non hai mica sviluppato l'idea con Frankie?
PETER Sì, ma non è di certo un'idea di Frankie. È una mia idea. Ed è anche una tua idea, quella dei completi e delle cravatte è una tua idea –

18.

Breve momento musicale, gli animali.

IL MARABÙ Nella notte, mentre tutti gli animali dormivano, il leone andò dal marabù e lo svegliò con le seguenti parole:

DER LÖWE Von allen Tieren bist du das gelehrteste. Du hast keine gefährlichen Klauen und keine scharfen Zähne, aber du hast einen großen Schnabel, du bist umsichtig und klug. Wenn ich König der Tiere bin, sollst du mein Vizekönig sein. Du sollst den Platz des Zebras einnehmen und mit deinem Verstand die Geschicke des Reiches lenken, und nur allein ein Tier soll über dir stehen: ich, der Löwe.

DER MARABU Das gefiel dem Marabu, der schon lange davon geträumt hatte, mehr zu sein als ein Storch.

DIE GINSTERKATZE Und so kam der Löwe in jener Nacht auch zu der Ginsterkatze und sprach ihr folgende Worte ins Ohr: Meine entfernte Cousine, meine zarte, kleine Schwester, winzige Katze: Laß uns etwas anderes sein, als wir sein müssen.

DER LÖWE Laß uns vergessen, was wir sind, und etwas anderes werden. Wir wollen aufbrechen, uns verwandeln, frei sein. Wenn ich König der Tiere bin, wollen wir ohne Grenzen leben, ohne Not und ohne Zwang, und jeder soll über sich hinauswachsen dürfen, jeder soll das sein, was er am liebsten wäre.

DIE ANTILOPE So ernannte der Löwe in jener Nacht den Elefanten zu seinem Geschichtsschreiber, die Termiten machte er zu seinen Baumeistern, die Kolibris ernannte er zu seinen Berichterstattern, die Giraffe formierte von nun an gemeinsam mit dem Skorpion seinen Geheimdienst, und das Nashorn ernannte er zu seinem Grenadier.

DAS ZEBRA Am nächsten Morgen wählten die Tiere den Löwen zu ihrem König, und der neue König begann den ersten Tag seiner Herrschaft mit der Jagd.

Er machte Jagd auf das Zebra.

DER LÖWE Aber das Zebra war schneller als der Löwe. Er war dem Zebra zwar dicht auf den Fersen, aber er konnte es nicht erreichen. Schließlich hielt er erschöpft inne, und auch das Zebra blieb in sicherer Entfernung stehen. Dann versuchte der Löwe erneut, das Zebra zu töten, aber wieder konnte er es nicht erreichen. So entfernten sie sich immer weiter von dem Fluß und der Steppe und den anderen Tieren, bis sie den Fuß eines hohen Berges erreichten.

DAS ZEBRA Und weiter jagte der Löwe das Zebra, immer höher und höher stiegen sie, der Berg war zerklüftet, felsig, kahl und steil und voller gefährlicher Spalten und Abgründe, bald begann es zu schneien, aber Schnee kannten die beiden Tiere bis dahin nicht, und sie wußten nicht um seine Gefahren, es kam ein Sturm auf, ein Schneesturm, in dem sie nichts mehr sehen konnten, so sehr schneite es, und so kam es, daß das Zebra, immer höher steigend, fehltrat, den Halt verlor, in eine tiefe Schlucht stürzte und starb.

IL LEONE Tra tutti gli animali sei il più dotto. Non hai artigli pericolosi e non hai denti affilati, ma hai un grosso becco, sei avveduto e intelligente. Quando sarò il re degli animali, tu sarai il mio viceré. Prenderai il posto della zebra e con la tua intelligenza guiderai le sorti del regno, e solo un animale starà al di sopra di te: io, il leone.

IL MARABÙ Tutto ciò piacque al marabù, che già da tempo sognava di poter essere qualcosa di più che una cicogna.

LA GENETTA E così il leone, in quella notte, andò dalla genetta e le sussurrò nell'orecchio queste parole: mia lontana cugina, mia piccola, tenera sorella, mia minuscola gattina: Dai, proviamo a essere altro da quello che dobbiamo essere.

IL LEONE Dimentichiamo cosa siamo e diventiamo qualcos'altro. Vogliamo rinascere, trasformarci, essere liberi. Quando sarò il re degli animali, vivremo senza confini, senza bisogni e senza costrizioni, e ognuno potrà superare sé stesso, ognuno potrà essere ciò che più desidera essere.

L'ANTILOPE Così in quella notte il leone nominò l'elefante suo cronista, fece delle termiti le sue costruttrici, nominò i colibrì suoi portavoce, la giraffa e lo scorpione costituirono da quel momento in avanti i suoi servizi segreti, e nominò il rinoceronte suo granatiere.

LA ZEBRA La mattina seguente gli animali scelsero il leone come loro re, e il nuovo re iniziò il primo giorno del suo regno con la caccia.

Andò a caccia della zebra.

IL LEONE Ma la zebra era più veloce del leone. Lui era alle calcagna della zebra, ma non riusciva a raggiungerla. Infine, esausto fece una pausa, e anche la zebra si fermò a distanza di sicurezza. Poi il leone provò di nuovo ad uccidere la zebra, ma di nuovo non riuscì a raggiungerla. Così i due si allontanarono sempre di più dal fiume e dalla steppa e dagli altri animali, finché non raggiunsero i piedi di un'alta montagna.

LA ZEBRA E il leone continuò nella sua caccia alla zebra e salirono sempre più in alto. La montagna era aspra, rocciosa, nuda e ripida e piena di pericolose crepe e orridi, presto iniziò a nevicare, ma i due animali fino a quel momento non avevano mai visto la neve, e non sapevano nulla dei suoi pericoli, ci fu una tempesta, una tempesta di neve, nella quale non si riusciva a vedere più nulla, da quanto nevicava, e così avvenne che la zebra, salendo sempre più in alto, fece un passo falso, perse l'equilibrio, cadde in un profondo burrone e morì.

DER LÖWE Der Löwe aber verirrte sich in dem Sturm und fand viele Tage lang nicht den Weg zurück in sein Reich. Als er dann aber schließlich nach Hause gefunden hatte, war er verändert, nicht mehr wie zuvor. Es war, als sei er jetzt der Gejagte, der Gehetzte. Denn auch wenn er es nicht wahrhaben wollte und niemandem ein Wort davon erzählte, so war es doch so, daß er oft zu sehen meinte, wie dicht vor ihm, fast mit einem Satz erreichbar, der Geist des Zebras lief, dem er dann folgen mußte, ohne ihn je einholen zu können.

19.

Peter, Dirk, Sandra, Isabel und Frankie. Vielleicht tragen sie über ihren Kostümen Bademäntel.

PETER Sechs Jahre.
Pause. Peter schaut in die Runde.
Sechs Jahre lang.
Pause.
Ich meine, sechs, SECHS Kackjahre.
Er wendet seinen Blick nicht von Dirk und Sandra ab, um den erhofften Effekt in deren Gesicht abzulesen.
Kannst du dir das vorstellen?
SECHS Jahre.
Sechs beschissene Scheißjahre.
Pause.
Sechs!
Pause.
Sechs Jahre jeden Tag.
Kurze Pause. Zu Frankie
Ich meine, wie machst du das mit dir aus?
Kurze Pause.
Es heißt immer, die verhandeln nicht.
Kurze Pause.
Aber die verhandeln natürlich doch. Es gibt Angebote.
Kurze Pause.
DIRK Ich weiß, daß die verhandeln. Ich weiß es.
Kurze Pause.
Du weißt es, ich weiß es, wahrscheinlich verhandeln sie längst mit dir. Und mit dir auch – und mit dir. Oder? Keiner sagt, daß er verhandelt. Keiner. Aber wahrscheinlich verhandeln längst alle. Alle. Nur ich nicht.

IL LEONE Ma il leone si perse nella tempesta e per molti giorni non riuscì a tornare nel suo regno. Quando infine trovò la strada di casa, però, era cambiato, non era più lo stesso di prima.
Era come se ora fosse lui l'oggetto della caccia, la preda. Infatti, anche se non voleva ammetterlo e non lo raccontava a nessuno, era proprio come se vedesse lo spirito della zebra vicino a lui, praticamente raggiungibile con un balzo, e dovesse seguirlo, senza però riuscire mai a raggiungerlo.

19.

Peter, Dirk, Sandra, Isabel e Frankie. Forse sopra ai costumi indossano degli accappatoi.

PETER Sei anni.
Pausa. Peter guarda il gruppo di persone in cerchio.
Per sei anni.
Pausa.
Intendo, sei, SEI anni di merda.
Non distoglie lo sguardo da Dirk e Sandra, per poter cogliere nei loro visi l'effetto sperato.
Te lo immagini? SEI anni. Sei fottutissimi anni di merda.
Pausa.
Sei!
Pausa.
Per sei anni ogni giorno.
Breve pausa. Rivolgendosi a Frankie.
Intendo, come fai a essere a posto con te stesso?
Breve pausa.
Si dice sempre che non trattano.
Breve pausa.
Ma trattano di sicuro.
Ci sono offerte.
Breve pausa.
DIRK Lo so che trattano. Lo so.
Breve pausa.
Tu lo sai, io lo so, probabilmente trattano già da tempo con te. E con te, anche – e con te. O? Nessuno dice che tratta. Nessuno. Ma probabilmente trattano tutti da tempo. Tutti. Tranne io.

Kurze Pause.
Mit mir verhandeln sie nicht –
Kurze Pause. Peter lacht auf.
Kann sein, noch nicht, ich glaube immer, daß die überhaupt nicht wissen, wer ich bin, wie ich aussehe, meine ich, die glauben vielleicht, ich arbeite in der Verwaltung, wenn sie mich auf dem Flur treffen.
Kurze Pause.
PETER Kommt vielleicht noch.
ISABEL Das verlorene Paradies, der gefallene Engel – die Schlacht der Engel, der Kampf der himmlischen Heerscharen –
Himmel und Hölle: Daraus kann man doch was machen.
Die Schlacht der Engel: Das ist doch besser als ein Putztrupp mit verkleideten Männern.
DIRK Das Ei! Die haben dir das Ei angeboten. Oder? Oder?

Zweiter Akt

1.

Die Wohnung eines allein lebenden Mannes zwischen Dreißig und Vierzig. Nachts. Niemand da. Man hört den Schlüssel im Schloß. Die Wohnungstür geht auf. Frankie und Chris. Beide sind etwa gleich alt. Frankie hat eine große Sporttasche bei sich.

FRANKIE *macht das Licht an.* Komm rein.
CHRIS Danke.
FRANKIE Hier – hier ist das Telephon.
CHRIS Wo ist das Telephon –
FRANKIE Hier.
Frankie reicht ihm ein etwas veraltetes Telephon mit Kabel.
Chris nimmt den Hörer ab, wählt aber nicht.
Frankie nach einem kurzen Moment.
Wen – wen willst du jetzt anrufen –
CHRIS Ich weiß nicht – irgend jemand im Theater, die Sekretärin, die Assistentin, die Pressefrau –
Kurze Pause. Er hat die Nummer nicht.
FRANKIE Hast du die Nummer?
CHRIS Nein, ich habe die Nummer nicht, woher soll ich die Nummer haben – Hast du die Nummer nicht?

Breve pausa.
Con me non trattano –
Breve pausa. Peter scoppia in una risata.
Può essere, non ancora, penso sempre che non sanno nemmeno chi sono, che faccia ho, intendo, magari quando mi incontrano in corridoio pensano che lavori in amministrazione.
Breve pausa.
PETER Forse ne esce fuori ancora qualcosa.
ISABEL Il paradiso perduto, l'angelo caduto – la battaglia degli angeli, la lotta delle schiere celesti –
Cielo e inferno: da questo si può ricavare ancora qualcosa.
La battaglia degli angeli: è comunque sempre meglio di un gruppo di addette alle pulizie con degli uomini travestiti.
DIRK L'uovo! Ti hanno offerto l'uovo. Vero? Vero?

Secondo atto

1.

L'appartamento di un uomo tra i trenta e i quarant'anni che vive da solo. Notte. Non c'è nessuno. Si sente il rumore della chiave nella serratura. La porta dell'appartamento si apre. Frankie e Chris. Hanno più o meno la stessa età. Frankie ha con sé una voluminosa borsa sportiva.

FRANKIE *accende la luce.* Entra.
CHRIS Grazie.
FRANKIE Ecco – ecco il telefono.
CHRIS Dov'è il telefono?
FRANKIE Qui.
Frankie gli allunga un telefono un po' vecchio, col filo. Chris solleva la cornetta, ma non compone il numero.
Frankie dopo un breve momento.
Chi – Chi vuoi chiamare adesso –
CHRIS Non lo so – qualcuno al teatro, la segretaria, l'assistente, l'addetta stampa –
Breve pausa. Non ha il numero.
FRANKIE Hai il numero?
CHRIS No, non ho il numero, perché dovrei avrei il numero – Tu il numero non ce l'hai?

FRANKIE Nein, ich habe die Nummer nicht –
CHRIS Du hast die Nummer nicht?
Kurze Pause.
Du hast nicht die Nummer von dem Assistenten?
FRANKIE Nein –
CHRIS Nicht?
FRANKIE Nein.
CHRIS Aber du hast doch die Nummer von der Sekretärin –
FRANKIE Nein, tut mir leid –
CHRIS Wieso, ich denke, du arbeitest da –
FRANKIE Ja, ich, ich habe da gearbeitet, also ich arbeite da noch, aber nur noch – ich habe die Nummern nicht –
CHRIS Du mußt doch die Nummern haben –
FRANKIE Ich habe die Nummern nicht, ich habe immer die Zentrale angerufen –
CHRIS Die Zentrale – dann ruf doch die Zentrale an –
Er will ihm das Telephon reichen. Frankie nimmt es nicht.
Bitte –
FRANKIE Da ist jetzt keiner mehr –
CHRIS Jetzt!?
FRANKIE Kurz vor halb eins –
CHRIS Gibt es nicht, gibt es nicht so was wie eine Liste, normalerweise gibt es doch in Theatern so was wie eine Liste, auf der alle Namen draufstehen, die Telephonnummern –
Wo immer ich arbeite, immer gibt es eine Liste, in jeder Stadt – an jedem Theater, ich habe noch nie erlebt, daß es nicht so eine Liste gibt, selbst in –
FRANKIE Tut mir leid, tut mir leid, ich habe keine Liste –
CHRIS *verzweifelt* Das gibts nicht. Keine Liste.
Kurze Pause.
FRANKIE Kann ja sein.
CHRIS Das gibts nicht.
FRANKIE Kann ja sein, daß es so eine Liste gibt –
CHRIS Ich denke, es gibt keine Liste –
FRANKIE Vielleicht gibt es eine, und ich habe sie nie bekommen –
CHRIS *leicht hoffnungsvoll* Vielleicht hast du eine Liste, und du hast es vergessen. Schau doch mal nach –
FRANKIE Hast du die Nummer nicht, haben die dir die Nummern nicht gegeben –
CHRIS Klar.
Pause.

FRANKIE No, non ce l'ho –
CHRIS Non hai il numero?
Breve pausa.
Non hai il numero dell'assistente?
FRANKIE No –
CHRIS No?
FRANKIE No.
CHRIS Hai almeno il numero della segretaria –
FRANKIE No, mi dispiace –
CHRIS Ma come pensavo che lavorassi lì –
FRANKIE Sì, io, io ho lavorato lì, cioè, ci lavoro ancora, ancora per – io i numeri non ce li ho –
CHRIS Ma devi avere i numeri –
FRANKIE Non ho i numeri, ho sempre chiamato la sede centrale –
CHRIS La sede centrale – allora chiama la sede centrale –
Vuole dargli il telefono. Frankie non lo prende.
Per favore –
FRANKIE Adesso non c'è più nessuno lì –
CHRIS Adesso!?
FRANKIE Poco prima delle dodici e mezza –
CHRIS Non c'è, non c'è una cosa tipo una lista, di solito a teatro c'è una cosa tipo una lista sulla quale si trovano tutti i nomi, i numeri di telefono –
In qualunque posto, in qualunque città dove lavoro c'è sempre una lista – in qualunque teatro, non mi è mai successo che non ci fosse una lista, nemmeno a –
FRANKIE Mi dispiace, mi dispiace, non ho la lista –
CHRIS *disperato* Non è possibile. Nessuna lista.
Breve pausa.
FRANKIE Può essere.
CHRIS Non è possibile.
FRANKIE Può essere che ci sia una lista così –
CHRIS Penso che non ci sia nessuna lista –
FRANKIE Forse ce n'è una, e io non l'ho mai ricevuta –
CHRIS *con una leggera speranza* Forse hai una lista, e te ne sei dimenticato. Prova a guardare –
FRANKIE Tu non hai i numeri, non ti hanno dato i numeri –
CHRIS Certo.
Pausa.

Klar. Die haben mir alles gegeben. Die Nummern, die Nummer von dem Assistenten, die von der Pressefrau, den Namen von dem Hotel, die Telephonnummer von dem Hotel, die Adresse von dem Hotel, alles – alles.
FRANKIE Wie hieß denn das Hotel –
CHRIS Keine Ahnung, das habe ich doch schon gesagt, wenn ich wüßte, wie das Hotel heißt, wäre ich nicht hier – das stand auf dem Zettel – das stand alles auf dem Zettel –
FRANKIE Und du bist dir sicher, daß der Zettel –
CHRIS Der Zettel war in dem Rucksack. In dem Portemonnaie.
Pause.
Ich verstehe das überhaupt nicht –
FRANKIE Der Rucksack stand neben dem Tisch, neben dem Mikrophon –
CHRIS Ja –
FRANKIE Das ist mir aufgefallen, ich habe mich gefragt, ob du das immer machst, warum machst du das, warum nimmst du den Rucksack mit auf die Bühne – warum läßt du den nicht in der Garderobe?
CHRIS Ich lasse meine Sachen nicht in der Garderobe, weil sie in der Garderobe geklaut werden –
Kurze Pause.
Alles weg. Alles. Telephon, Geld, Kreditkarten.
Kurze Pause.
Das Telephon – o Gott. O Gott.
Kurze Pause.
Um eins wollte mich noch mal mein Agent anrufen wegen der –
Kurze Pause.
Wenn ich es wenigstens früher bemerkt hätte – wenn ich etwas früher bemerkt hätte – plötzlich waren alle weg –
Kurze Pause.
Wenn du mich nicht angesprochen hättest, wäre ich vollkommen verloren.
Kurze Pause.
Adreßbuch, Kalender, Schlüssel. Fahrkarten. Ich habe nichts mehr.
Pause. Ihm fällt plötzlich ein –
Ich komme hier nicht weg, ich muß morgen – ich muß morgen früh weiter nach –
FRANKIE Wohin? Wohin mußt du morgen?
CHRIS Das stand auf dem Zettel –
FRANKIE Auf dem Zettel?
CHRIS Auf dem anderen Zettel, auf dem Zettel mit den Auftritten, auf dem Ausdruck vom –
Kurze Pause. Er sieht Frankie fragend an –

Certo. Mi hanno dato tutto. I numeri, il numero dell'assistente, quello dell'addetta stampa, il nome dell'hotel, il numero di telefono dell'hotel, l'indirizzo dell'hotel, tutto – tutto.
FRANKIE Come si chiama allora l'hotel –
CHRIS Non lo so, te l'ho già detto, se avessi saputo come si chiamasse l'hotel, non sarei nemmeno qui ora – era sul foglio – era tutto sul foglio –
FRANKIE E sei sicuro che il foglio –
CHRIS Il foglio era nello zaino. Nel portamonete.
Pausa.
Non ci capisco proprio nulla –
FRANKIE Lo zaino era accanto al tavolo, accanto al microfono –
CHRIS Sì –
FRANKIE L'ho notato, mi sono chiesto se lo fai sempre, perché lo fai, perché porti lo zaino con te sul palco – perché non lo lasci nel camerino?
CHRIS Non lascio le mie cose in camerino, perché in camerino le rubano –
Breve pausa.
Tutto perso. Tutto. Telefono, soldi, carte di credito.
Breve pausa.
Il telefono – oddio. Oddio.
Breve pausa.
All'una doveva chiamarmi il mio agente per –
Breve pausa.
Se almeno me ne fossi accorto prima – se me ne fossi accorto un po' prima – all'improvviso non c'era più nessuno –
Breve pausa.
Se tu non mi avessi rivolto la parola, sarei stato completamente perso.
Breve pausa.
L'elenco degli indirizzi, l'agenda, le chiavi. I biglietti. Non ho più nulla.
Pausa. All'improvviso gli viene in mente qualcosa –
Sono bloccato qui, domani devo – io domani devo partire presto per –
FRANKIE Dove? Dove devi andare domani?
CHRIS Era sul foglio –
FRANKIE Sul foglio?
CHRIS Sull'altro foglio, sul foglio con gli ingressi in scena, sulla stampata del –
Breve pausa. Guarda Frankie in modo interrogativo –

Malmö? Habe ich nicht vorhin von Malmö gesprochen?
FRANKIE Malmö? Ich weiß nicht, du hast von Stockholm gesprochen und von New York, du hast von dem freien Projekt erzählt, daß du das mit dem Werbefilm in New York finanzierst, mit dem Werbefilm mit der Pfütze und dem Mann, der die Frau trägt, obwohl du sonst keine Filme machst, schon gar keine Werbung, schon gar keine Kopie irgendeiner geklauten Idee, aber in dem Fall – wegen dem Projekt –
CHRIS Irgendwas in Skandinavien – Oslo?
FRANKIE Kann sein, Oslo, aber von Skandinavien hast du nicht gesprochen, nur von der Oper in Mailand und von der Oper in Hamburg.
Lange Pause.
CHRIS *ungläubig* Das gibts nicht.
Kurze Pause.
Das gibt es nicht.
Kurze Pause.
Das gibt es nicht.
Pause.
Vor meinen Augen. Vor aller Augen. Das Ding stand die ganze Zeit neben mir. Das kann überhaupt nicht sein.
Kurze Pause. Er hat einen Einfall.
Aber das steht alles im Netz, die haben mir das geschickt, die ganzen Nummern, die Listen –
Er ist wie erlöst.
Ich hoffe, ich habe das noch, ich hoffe, ich habe das nicht gelöscht – kann ich kurz mal an deinen Rechner, ich muß nur kurz an deinen Rechner –
Kurze Pause.
Dann komme ich hier weg –
FRANKIE Oh –
CHRIS Was ist –
FRANKIE Du brauchst den Rechner –
CHRIS Es steht alles im Netz. Zwei Minuten, dann bin ich hier weg –
FRANKIE Aber der Rechner –
CHRIS Was ist mit dem Rechner?
FRANKIE Der Rechner ist uralt.
CHRIS Ist egal.
FRANKIE Der Rechner fährt nicht hoch.
CHRIS Er fährt nicht hoch?
FRANKIE Nein –
Kurze Pause.
CHRIS Darf ich mir das mal ansehen?

Malmö? Non ti avevo parlato prima di Malmö?
FRANKIE Malmö? Non lo so, hai parlato di Stoccolma e di New York, mi hai raccontato di un progetto indipendente, che lo finanziavi con la pubblicità girata a New York, la pubblicità con la pozzanghera e l'uomo che porta in braccio la donna, anche se di solito di film non ne fai, tantomeno pubblicità, tantomeno la copia di un'idea rubata ad altri ma in questo caso – per il progetto –
CHRIS Qualcosa in Scandinavia – Oslo?
FRANKIE Può essere, Oslo, ma della Scandinavia non hai parlato, solo dell'Opera di Milano e dell'Opera di Amburgo.
Lunga pausa.
CHRIS *incredulo* Non può essere.
Breve pausa.
Non è possibile.
Breve pausa.
Non è possibile.
Pausa.
Davanti ai miei occhi. Davanti agli occhi di tutti. Togliere tutto il tempo accanto a me. Non può proprio essere.
Breve pausa. Ha un'idea.
Ma c'è tutto in rete, me l'hanno spedito, tutti i numeri, le liste –
Come liberato da un peso.
Spero di non aver ancora, spero di non averlo cancellato – posso usare un momento il tuo computer, devo usare solo un momento il tuo computer –
Breve pausa.
Poi me ne vado via –
FRANKIE Oh –
CHRIS Che cosa c'è –
FRANKIE Hai bisogno del computer-
CHRIS C'è tutto in rete. Due minuti, poi me ne vado via –
FRANKIE Ma il computer –
CHRIS Cosa c'è che non va con il computer?
FRANKIE Il computer è vecchissimo.
CHRIS Chi se ne importa.
FRANKIE Il computer non si avvia.
CHRIS Non si avvia?
FRANKIE No –
Breve pausa.
CHRIS Posso vederlo?

Kurze Pause.
Darf ich mir das mal ansehen?

2.

Der Marabu.

DER MARABU Der Marabu ist ein Tier, das trotz seiner Größe immer in Angst lebt. Manche sagen, er stolziere. Kann sein. Aber das liegt daran, daß er sich auf unsicherem Boden bewegt. Das liegt daran, daß seine Füße ihn kaum tragen können. Der Marabu hat neben dem chilenischen Condor die größte Spannweite aller Vögel, mehr als ein Adler. Ein Vogel mit riesigen Schwingen. Aber er ist kein Jäger. Der Marabu ist ein Aasfresser. Und deshalb weiß er nicht, zu wem er gehört. Er nagt die verwesenden Knochen ab, die andere Tiere übriggelassen haben.

3.

Bei Frankie. Dieselbe Nacht. Chris und Frankie.

CHRIS Der Rechner ist tot. Vollkommen tot.
Chris lauscht an dem Rechner. Pause.
FRANKIE Kannst du nicht jemanden anrufen, der für dich ins Netz geht? Einen Freund?
Kurze Pause.
CHRIS Womit?
FRANKIE Mit dem Telephon. Hier, mit meinem Telephon.
CHRIS Aber ich habe keine Nummer.
Kurze Pause.
Die Nummern sind in meinem Telephon. Oder im Adreßbuch. Das Adreßbuch ist im Hotel. Ich weiß nicht, wo das Hotel ist. Ich weiß nicht, wie das Hotel heißt.
FRANKIE Hast du nicht eine Nummer im Kopf?
CHRIS Nein.
FRANKIE Irgendeine –
CHRIS Nein!
FRANKIE Irgendeine Nummer, von irgend jemand, der dir besonders wichtig ist –
CHRIS Nein.
FRANKIE Niemand?

Breve pausa.
Posso vederlo?

2.

Il marabù.

IL MARABÙ Il marabù è un animale che nonostante la sua grandezza vive sempre nella paura. Alcuni dicono che cammina tutto impettito. Può essere. Ma questo si deve al fatto che si muove su un terreno insicuro. È dovuto al fatto che le sue zampe riescono a malapena a sostenerlo. Il marabù ha accanto al condor cileno l'estensione alare più grande di tutti gli uccelli, più grande dell'aquila. Un uccello con enormi ali. Ma non è un cacciatore. Il marabù si nutre di carogne. E perciò non sa quale sia il suo posto. Becca le ossa in decomposizione che gli altri animali hanno avanzato.

3.

Da Frankie. La stessa notte. Chris e Frankie.

CHRIS Il computer è morto. Completamente andato.
Chris ascolta attentamente il computer. Pausa.
FRANKIE Non puoi chiamare qualcuno, che si colleghi alla rete per te? Un amico?
Breve pausa.
CHRIS Con che cosa?
FRANKIE Con il telefono. Ecco qui, con il telefono.
CHRIS Ma non ho i numeri.
Breve pausa.
I numeri sono nel mio telefono. O nella rubrica. La rubrica degli indirizzi è in hotel. Non so dove si trova l'hotel. Non so come si chiama l'hotel.
FRANKIE Non hai nemmeno un numero in mente?
CHRIS No.
FRANKIE Uno qualsiasi –
CHRIS No!
FRANKIE Un numero qualsiasi, uno di qualcuno che sia particolarmente importante per te –
CHRIS No.
FRANKIE Nessuno?
CHRIS No.

CHRIS Nein.
Kurze Pause.
Kennst du nicht jemanden, den du anrufen kannst?
FRANKIE Ich?
Kurze Pause.
Jetzt?
CHRIS Jetzt, ja – vielleicht. Jemand, der dann mit seinem Computer – für mich – ins –
Kurze Pause.
FRANKIE Klar. Daß ich darauf nicht schon gekommen bin –
Er nimmt das Telephon, wählt aus dem Kopf eine Nummer. Er wartet.
Keiner da.
Er wartet weiter. Legt dann auf.
Keiner da – warte.
Er wählt eine weitere Nummer, wartet – legt auf.
Tut mir leid.
Schweigen. Chris wirft sich auf das Sofa oder ein anderes Sitzmöbel. Große Pose des beleidigten Lebensüberdrusses. Wenn das Leben mich so behandelt, hat es mich nicht verdient.
CHRIS Nein. Nein. Nein nein nein. Nein nein nein nein nein. *Chris findet etwas in seiner Hosentasche – glücklich, überrascht.*
Hey – sieh dir das an –
Er hält eine komplett weiße, glatte Plastikkarte in die Luft.
FRANKIE Was ist das?
CHRIS Das ist mein Schlüssel –
FRANKIE Welcher Schlüssel –
CHRIS *ungläubig begeistert* Mein Hotelschlüssel –
Kurze Pause.
FRANKIE Hey, herzlichen Glückwunsch, was steht denn drauf –
Chris betrachtet den Schlüssel.
Welches Hotel ist es?
Kurze Pause.
Was ist denn –
CHRIS Es steht kein Name drauf –
FRANKIE Was?
CHRIS Es steht kein Name drauf. Nichts. Kein Name, keine Adresse. Nicht mal die Zimmernummer – da steht überhaupt nichts drauf!
Kurze Pause.
Wieso? Wieso?
Kurze Pause.

Breve pausa.
Non conosci nessuno che puoi chiamare?
FRANKIE Io?
Breve pausa.
Ora?
CHRIS Ora, sì – forse. Qualcuno che poi con il suo computer può – per me – entrare in –
Breve pausa.
FRANKIE Certo. Ma perché non ci sono arrivato da solo –
Prende il telefono, compone un numero a memoria. Aspetta.
Non c'è nessuno.
Aspetta ancora. Poi attacca.
Non c'è nessuno – aspetta.
Compone un altro numero, aspetta – attacca.
Mi dispiace.
Silenzio. Chris si getta sul divano o su un altro elemento d'arredo sul quale si ci possa sedere. Assume la posa di chi è nauseato della vita e pure offeso. Se la vita mi tratta così, non mi merita.
CHRIS No. No. No no no. No no no no no.
Chris trova qualcosa nella tasca dei pantaloni – felice, sorpreso.
Ehi – guarda un po' qui –
Tiene in aria una carta di plastica completamente bianca e liscia.
FRANKIE Che cos'è?
CHRIS È la mia chiave –
FRANKIE Quale chiave –
CHRIS *incredulo e sorpreso* La chiave del mio hotel –
Breve pausa.
FRANKIE Ehi, congratulazioni, cosa c'è scritto sopra –
Chris esamina la chiave.
Che hotel è?
Breve pausa.
Cosa c'è –
CHRIS Non c'è nessun nome –
FRANKIE Cosa?
CHRIS Non c'è nessun nome. Niente. Nessun nome, nessun indirizzo. Nemmeno il numero della stanza – non c'è assolutamente nulla!
Breve pausa.
Perché? Perché?
Breve pausa.

Ich komme hier nicht weg.
FRANKIE *freundschaftlich* Du mußt hier nicht weg.
CHRIS *schreit* Doch, du verstehst mich nicht, ich muß hier weg. Ich MUSS hier weg.
Kurze Pause.
FRANKIE Gut, gut –
Kurze Pause.
CHRIS Danke, daß du mich mitgenommen hast – wenn du mich nicht mitgenommen hättest, dann –
FRANKIE Ist in Ordnung. Kein Problem.
Kurze Pause.
Du kannst hier schlafen. Gerne. Kein Problem. Willst du was trinken –
Er holt etwas zu trinken und Gläser. Pause.
CHRIS Wie heißt du?
FRANKIE Frankie.
Lange Pause.
CHRIS Und du bist an dem Theater –
FRANKIE Ja –
CHRIS Was machst du?
FRANKIE Ich spiele.
CHRIS Was hast du zuletzt gespielt?
FRANKIE Das Stück heißt: Im Reich der Tiere.
CHRIS *ungläubig* Das habe ich doch gesehen. Heute, vor der Lesung, die haben mir eine Karte besorgt – ich habe dich gar nicht erkannt. Entschuldige, ich habe dich gar nicht wiedererkannt.
Pause.
Wer warst du denn –
FRANKIE Nicht so wichtig –
CHRIS Nein, sag –
FRANKIE Ich war das Zebra –
CHRIS Welches Zebra, es gab ein paar Zebras –
FRANKIE Es sind drei Zebras, ich meine das Zebra, das am Ende gegen den Löwen kämpft –
CHRIS Das – das von seinem Freund verraten wird –
FRANKIE Ja –
CHRIS Das Zebra –
FRANKIE Die Rolle heißt eigentlich nicht Zebra, die Figur heißt Flip.
CHRIS Das ist die Hauptrolle.
FRANKIE Eine der Hauptrollen.

Sono bloccato qui.
FRANKIE *in tono amichevole* Non devi andartene.
CHRIS *urla* Certo che devo, tu non mi capisci, io devo andarmene. Io DEVO andarmene.
Breve pausa.
FRANKIE Ok, ok –
Breve pausa.
CHRIS Grazie di avermi portato qui da te – se non mi avessi portato qui da te –
FRANKIE Non ti preoccupare. Nessun problema.
Breve pausa.
Puoi dormire qui. Davvero. Nessun problema. Vuoi qualcosa da bere – *Prende qualcosa da bere e i bicchieri. Pausa.*
CHRIS Come ti chiami?
FRANKIE Frankie.
Lunga pausa.
CHRIS E lavori lì al teatro –
FRANKIE Sì –
CHRIS Cosa fai?
FRANKIE L'attore.
CHRIS In che ruolo hai lavorato ultimamente?
FRANKIE Il pezzo si chiama: Nel Regno degli Animali.
CHRIS *incredulo* Allora l'ho visto. Oggi, prima della lettura, mi hanno procurato un biglietto – non ti ho proprio riconosciuto. Scusami, non ti avevo proprio riconosciuto.
Pausa.
Chi interpretavi allora –
FRANKIE Non è così importante –
CHRIS No, dillo –
FRANKIE Io ero la zebra –
CHRIS Quale zebra, c'erano un paio di zebre –
FRANKIE Ci sono tre zebre, io intendo la zebra che alla fine combatte contro il leone –
CHRIS Quella – quella che viene tradita dal suo amico –
FRANKIE Sì –
CHRIS Quella zebra –
FRANKIE Il ruolo non si chiama in realtà zebra, il personaggio si chiama Flip.
CHRIS È il ruolo principale.
FRANKIE Uno dei ruoli principali.

CHRIS Das Zebra und der Löwe, das sind die Hauptrollen – wer spielt noch mal den Löwen –
FRANKIE Ein Freund von mir.
CHRIS Du warst besser. Du hast dich besser bewegt. Die Stimme.
Sympathisch erstaunt, scheinbar anerkennend.
Ganz gute Lieder. Gut gesungen –
Kurze Pause.
Gute Maske. Überhaupt gute Kostüme. Unglaublich.
Pause.
Hält man das überhaupt aus?
FRANKIE Das fragen die Leute oft.
Kurze Pause.
Geht aber.
Pause.
CHRIS Wie lange läuft der Abend schon?
FRANKIE Seit sechs Jahren.
CHRIS Seit sechs Jahren!
Kurze Pause.
Aber nicht in der gleichen Besetzung.
FRANKIE Teilweise.
CHRIS Und wie lange bist du dabei?
FRANKIE Von Anfang an.
CHRIS Nein!
FRANKIE Doch!
CHRIS Sechs Jahre! Sechs Jahre das Zebra.
FRANKIE Ja.
CHRIS Und die anderen?
FRANKIE Unterschiedlich. Isabel, die Ginsterkatze, ist seit vier Jahren dabei.
CHRIS Die Ginsterkatze – ich dachte, das sollte eine Antilope sein.
FRANKIE Die Antilope ist die andere, die große, die mit den –
CHRIS Wie heißen denn diese Tiere mit den langen Hörnern –
FRANKIE Das ist die Antilope.
CHRIS Und wer war dann die Ginsterkatze –
FRANKIE Die zierliche, die sich so schnell bewegen kann –
CHRIS Ah ja –
FRANKIE Dirk, der Marabu, ist wie ich von Anfang an dabei.
Aber am Anfang war er nicht der Marabu.
CHRIS Schöne Idee: der Vogel als ängstlicher Bildungsbürger ohne Charakter.

CHRIS La zebra e il leone, questi sono i ruoli principali – chi fa il leone –
FRANKIE Un mio amico.
CHRIS Tu sei stato più bravo. Ti sei mosso meglio. La voce.
Simpaticamente stupido, apparentemente ammirato.
Belle canzoni, davvero. Cantate bene –
Breve pausa.
Belle maschere. Soprattutto bei costumi. Incredibile.
Pausa.
Come si fa a farcela?
FRANKIE Me lo chiedono spesso.
Breve pausa.
Ma ce la si fa.
Pausa.
CHRIS Da quanto tempo è in scena questo spettacolo?
FRANKIE Da sei anni.
CHRIS Da sei anni!
Breve pausa.
Ma non con la stessa compagnia.
FRANKIE In parte sì.
CHRIS E tu da quando partecipi allo spettacolo?
FRANKIE Dall'inizio.
CHRIS No!
FRANKIE Sì!
CHRIS Sei anni! Per sei anni la zebra.
FRANKIE Sì.
CHRIS E gli altri?
FRANKIE Dipende. Isabel, la genetta, è da quattro anni nella compagnia.
CHRIS La genetta – credevo che fosse un'antilope.
FRANKIE L'antilope è l'altra, quella grande, quella con le –
CHRIS Come si chiamano allora quegli animali con le corna lunghe –
FRANKIE Quella è l'antilope.
CHRIS E chi era allora la genetta –
FRANKIE Quella graziosa, che si muove così velocemente –
CHRIS Ah sì –
FRANKIE Dirk, il marabù, c'è dall'inizio, come me. Ma all'inizio non faceva il marabù.
CHRIS Bella idea: l'uccello nel ruolo di un borghese colto spaventato, senza carattere.

FRANKIE Am Anfang gehörte er zu den Kolibris. Hat sich hochgearbeitet. Peter ist erst seit zwei Jahren dabei, ich hab ihm den Tip gegeben, hab ihm gesagt, er soll sich bewerben – der Typ, der den Part vorher hatte, hat sich auf der Bühne die Kreuzbänder gerissen. Krack.
CHRIS Wer ist Peter?
FRANKIE Ach so. Peter ist der Löwe.
Kurze Pause.
CHRIS Wie viel Vorstellungen in der Woche?
FRANKIE Sechs. Sieben. Manchmal neun.
CHRIS Hart.
Kurze Pause.
Hart.
FRANKIE Aber bald vorbei.
CHRIS Wieso?
FRANKIE Die Vorstellung wird abgesetzt.
CHRIS Ach so – klar.
Kurze Pause.
Und dann?
FRANKIE Keine Ahnung. Es heißt, die verhandeln nicht, aber die verhandeln doch.
CHRIS Warum machst du nicht dein eigenes Ding? Tu dich mit ein paar Leuten zusammen.
Baut Verbindungen auf, erfindet euch neu.
Er steht auf.
Ich gehe nur mal eben –
FRANKIE Da lang.
Chris geht ab. Frankie allein. Plötzlich klingelt in der Sporttasche, die Frankie dabei hatte, ein Telephon. Frankie springt auf, holt in blitzartiger Geschwindigkeit einen Rucksack aus der Sporttasche, öffnet den Rucksack, sucht das klingelnde Telephon, findet es schließlich, er will das Klingeln wegdrücken, dies gelingt nicht gleich, schließlich schlägt er das Telephon irgendwo gegen und versteckt Mobiltelephon und Rucksack unter dem Sofa. Chris kommt zurück.
CHRIS Schöne Wohnung. Hat da gerade ein Telephon geklingelt?
FRANKIE Hier?
CHRIS Ich dachte, ich hätte –
Er amüsiert sich über seine scheinbare Halluzination.
Ich dachte gerade, ich höre mein eigenes Telephon. Als ob mein Telephon hier in der Wohnung wäre.
Lacht.

FRANKIE All'inizio era uno dei colibrì. Ma ha fatto carriera. Peter è solo da due anni con noi, gli ho dato io il consiglio di candidarsi – il tipo, che interpretava il ruolo, si era rotto i legamenti crociati recitando. Crac.
CHRIS Chi è Peter?
FRANKIE Ah scusa. Peter è il leone.
Breve pausa.
CHRIS Quanti spettacoli alla settimana?
FRANKIE Sei. Sette. Alcune volte nove.
CHRIS È dura.
Breve pausa.
È dura.
FRANKIE Ma presto sarà tutto passato.
CHRIS Perché?
FRANKIE Lo spettacolo viene tolto dal cartellone.
CHRIS Ah ok.
Breve pausa
E poi?
FRANKIE Non lo so. Si dice in giro che non trattano, ma trattano di sicuro.
CHRIS Perché non ti crei una tua compagnia? Ti metti insieme a un paio di persone.
Vi create degli agganci, vi reinventate.
Si alza.
Vado un attimo al bagno –
FRANKIE Da quella parte.
Chris esce. Frankie resta solo. All'improvviso squilla un telefono nella borsa sportiva che Frankie aveva con sé. Frankie salta in piedi, prende in un lampo uno zaino dalla borsa sportiva, apre lo zaino, cerca il telefono che sta suonando, alla fine lo trova, vuole farlo smettere di suonare, ma non gli riesce subito, alla fine riesce in qualche modo a zittire il telefono e nasconde il cellulare e lo zaino sotto il divano. Rientra Chris.
CHRIS Bell'appartamento. Ha per caso suonato un telefono ora proprio qui?
FRANKIE Qui?
CHRIS Ho pensato di aver –
Divertito da quella che gli sembra una sua allucinazione.
Ho pensato di aver sentito il mio telefono. Come se il mio telefono fosse qui nell'appartamento.
Ride.

FRANKIE Genau. Ich habs geklaut, es ist da in der Tasche.
Er zeigt auf die Tasche.
Was für ein Fischzug.
Er gießt Schnaps ein, reicht Chris ein Glas.
Und alles nur, um mit dir eine Verbindung aufzubauen. Hättest du wohl nicht gedacht.
CHRIS Doch, doch –
FRANKIE Bin gleich wieder da.
Frankie ab. Chris allein mit dem Glas. Er steht unschlüssig rum, sieht sich um, schließlich durchwühlt er sehr schnell Frankies Sporttasche, ohne etwas zu finden, macht sie dann wieder zu. Frankie kommt zurück.
Ich dachte, du liest aus dem »Garten der Dinge«.
CHRIS Das verstehen die Leute in einer Lesung nicht, das müssen die Leute sehen, nicht hören.
FRANKIE Das Spiegelei.
Kurze Pause.
Wie soll man sich das vorstellen: eine menschliche Pfeffermühle, kahl.
CHRIS Es geht ja nicht um Spiegeleier. Oder um Alubratwender.
Kurze Pause.
Es geht um die Situation. Was da geschieht. Was die machen.
FRANKIE Was das Spiegelei und der Toast machen. Und der Ketchup.

4.

Peter.

PETER Ich mach das nur, wenn Frankie nicht mitmacht.
Frankie ist für mich der Inbegriff der Feigheit und der Trägheit.
Wie, wenn Frankie nicht mitmacht.
Ich nehme das Ei nur an, wenn Frankie nicht dabei ist. Aber ohne Frankie –
Ohne Frankie!
Frankie muß doch – Frankie ist doch –
Fick Frankie, ich machs nur ohne Frankie –
Du machst es, du machst das Spiegelei, aber du machst es nur ohne Frankie.
Fick Frankie, ich mache es nur ohne Frankie.

FRANKIE Certo. L'ho rubato io, è lì nella borsa.
Gli indica la borsa.
Che bel colpo.
Versa della grappa, dà il bicchiere a Chris.
E tutto questo solo per poter creare un contatto con te. Te lo saresti mai aspettato.
CHRIS Sì, sì –
FRANKIE Torno subito.
Frankie esce. Chris solo con il bicchiere. Se ne sta in piedi senza saper cosa fare, si guarda attorno, alla fine fruga molto velocemente nella borsa sportiva di Frankie, senza trovare nulla, poi la richiude. Rientra Frankie.
Pensavo che avresti letto brani dal «Giardino delle Cose».
CHRIS Le persone non possono cogliere il senso di una cosa simile sentendola leggere, le persone lo devono vedere, non ascoltare.
FRANKIE L'uovo al tegame.
Breve pausa.
Come ci si dovrebbe immaginare: un macinapepe umano, calvo.
CHRIS Il punto non è l'uovo al tegame. O le palette in alluminio.
Breve pausa.
Il punto è la situazione. Quello che succede. Quello che fanno.
FRANKIE Quello che fanno l'uovo al tegame e il toast. E la bottiglia di ketchup.

4.

Peter.

PETER Lo faccio solo se Frankie non partecipa.
Frankie per me è la quintessenza della codardia e dell'inerzia.
In che senso se Frankie non partecipa.
Io accetto di fare l'uovo solo se Frankie non partecipa. Ma senza Frankie –
Senza Frankie!
Eppure Frankie deve – Frankie però è –
Fanculo Frankie, lo faccio solo senza Frankie –
Lo fai, fai l'uovo al tegame, ma lo fai solo senza Frankie.
Fanculo Frankie, lo faccio solo senza Frankie.

5.

Bei Frankie in derselben Nacht. Chris und Frankie.

CHRIS Ein Garten des Scheiterns und der Folter.
Lange Pause.
Letztlich wie in euerm Tierstück auch. Eine Parabel des Untergangs.
FRANKIE Siehst du das so?
Kurze Pause.
Ich glaube, ich habe den Garten der Dinge einfach nicht verstanden –
CHRIS Ich glaube, es gibt eine Menge Leute, die das nicht verstanden haben – vielleicht kann man es auch überhaupt nicht verstehen. Vielleicht gehts darum gar nicht.
Kurze Pause.
Vermutlich habe ich deshalb auch den Theater-Preis dafür bekommen –
FRANKIE O wirklich? Großartig –
CHRIS Ja, wahrscheinlich hat das Ganze wirklich niemand verstanden, und alle haben geglaubt, sie müßten es aber verstehen, und um nicht zuzugeben, daß sie es nicht verstanden haben, haben sie mir den Preis gegeben.
FRANKIE Herzlichen Glückwunsch: Der Theater-Preis. Bravo. Großartig.
CHRIS Ja, ja – aber wenn du dir mal ansiehst, wer den Preis bekommen hat und wer ihn nie bekommen hat, dann –
FRANKIE Ist doch egal, ist doch großartig –
CHRIS Ja, kann sein –
Kurze Pause.
Aber ich werde den Preis nicht annehmen.
FRANKIE Was?
CHRIS Nein, ich nehme ihn nicht an –
FRANKIE Das ganze Geld –
CHRIS Das Geld ist eine Sache, aber – aber ich nehm ihn nicht an. Jensen war in der Jury.
FRANKIE Jensen? Wer ist Jensen?
CHRIS Brauchst du nicht zu kennen.
Kurze Pause.
Ein –. Von Jensen lasse ich mir keinen Preis geben.
Längere Pause. Lang genug für einen Themenwechsel.
Und du weißt nicht, wie es weitergeht. Wenn die das Tierstück absetzen. Nach sechs Jahren weißt du nicht, wie es weitergeht.

5.

Da Frankie, quella stessa notte. Chris e Frankie.

CHRIS Un giardino del fallimento e della tortura.
Lunga pausa.
Fondamentalmente come succede anche nella vostra opera sugli animali. Anche quella è una parabola sul fallimento.
FRANKIE La vedi così, tu?
Breve pausa.
Credo semplicemente di non aver capito il Giardino delle Cose –
CHRIS Credo che ci siano moltissime persone che non l'hanno capito – forse non è proprio possibile capirlo. Forse non è proprio quello il punto.
Breve pausa.
Forse è per questo che ho ricevuto il premio teatrale –
FRANKIE Oh davvero? Grande –
CHRIS Sì, forse non l'ha capito nessuno, ma tutti hanno pensato che avrebbero dovuto capirlo e per non dover ammettere di non averlo capito, mi hanno dato il premio.
FRANKIE Congratulazioni: il premio per il teatro. Bravo. Grande.
CHRIS Sì, sì – ma se dai un'occhiata a chi ha ricevuto il premio e a chi non lo ha mai ricevuto, allora –
FRANKIE È uguale, è una cosa grandiosa –
CHRIS Sì, può essere –
Breve pausa.
Ma non accetterò il premio.
FRANKIE Cosa?
CHRIS No, non l'accetto –
FRANKIE Tutti quei soldi –
CHRIS I soldi, certo, ma – ma io non l'accetto. Jensen era nella giuria.
FRANKIE Jensen? Chi è Jensen?
CHRIS Non è un problema se non lo conosci.
Breve pausa.
Un – Da Jensen non accetto premi.
Pausa più lunga. Lunga abbastanza per poter cambiare tema.
E non sai cosa succederà. Quando toglieranno dal cartellone il pezzo con gli animali. Dopo sei anni non sai cosa succederà.

6.

Die Antilope.

DIE ANTILOPE Die Antilope lebt in scheinbarem Frieden, aber in Wahrheit lebt sie, wenn sie mit ihrer Herde in der Weite der Steppe grast, in ständiger Angst, denn eine Vielzahl von Tieren ist auf der Jagd, um sie, das herrliche Geschöpf, zu erlegen, sie wird immer gejagt, sie ist in jedem Moment ihres Lebens in Gefahr.

Nun aber wird sie die Königin der Tiere, und sie wird nichts mehr zu fürchten haben, nie mehr, vielleicht, und doch hat sie Angst, denn noch weiß sie nicht, was sie erwartet, wie er sich anfühlen wird: der Kuß des Löwen.

Der Löwe und die Antilope küssen sich.

7.

Bei Frankie, in derselben Nacht. Frankie und Chris.

CHRIS Dich und mich unterscheidet so gut wie nichts.
Er zeigt den winzigen Unterschied mit einer Geste. So viel, vielleicht.
FRANKIE Nein, nein, das stimmt nicht, das stimmt einfach nicht
– Du bist eindeutig –
CHRIS 0,1 Prozent des genetischen Materials unterscheiden den Schimpansen vom Menschen – oder so ähnlich. Und wir: du und ich, wir unterscheiden uns in nichts, wir sind sogar gleich alt –
0,1 Prozent Zufall – oder Glück – das ist alles, wenn ich nicht zufällig mit den richtigen Leuten –
FRANKIE Ja, aber das ist kein reiner Zufall, dafür braucht es doch auch –
CHRIS Nein, nein –
FRANKIE Doch –
CHRIS Allein die Ideen – auf die Idee –
FRANKIE Die Ideen, ja gut –
Kurze Pause.
Und du hattest deine Truppe, deine Leute, Leute, die heute alle Karriere gemacht haben –
CHRIS Moment, das habe ich immer gesagt: Macht euch unabhängig. Gründet eure eigene Truppe. Schafft Netzwerke. Netzwerke sind entscheidend.
FRANKIE Ich habe kein Netzwerk.

6.

L'antilope.

L'ANTILOPE L'antilope sembra vivere una vita tranquilla, ma in realtà, quando bruca l'erba con il suo branco nella vastità della savana, vive in costante angoscia, poiché molti sono gli animali in caccia di lei, desiderosi di abbattere la magnifica creatura; è sempre sotto attacco, in ogni momento della sua vita è in pericolo.
Ora, però, diventerà la regina degli animali e non dovrà avere più nulla da temere, mai più, forse, eppure lei ha paura, perché non sa che cosa l'aspetta, non sa che effetto faccia: il bacio del leone.
L'antilope e il leone si baciano.

7.

Da Frankie, quella stessa sera. Frankie e Chris.

CHRIS Tra te e me non c'è quasi nessuna differenza.
Indica la minuscola differenza con un gesto.
Tanto così, forse.
FRANKIE No, no, non è così, non è proprio così – Tu sei chiaramente unico –
CHRIS Lo 0,1% del materiale genetico differenzia lo scimpanzé dall'essere umano – o qualcosa del genere. E noi: io e te, noi non ci distinguiamo in nulla, abbiamo perfino quasi la stessa età –
0,1% di caso – o fortuna – questo è tutto, a meno che, per caso, io non sia con le persone giuste –
FRANKIE Sì, ma non è un puro caso, serve anche –
CHRIS No, no –
FRANKIE Sì –
CHRIS Solo le idee – sull'idea –
FRANKIE Le idee, ah ok –
Breve pausa.
E avevi la tua compagnia, le tue persone, persone che oggi hanno fatto tutte carriera –
CHRIS Un momento, io l'ho sempre detto: rendetevi indipendenti. Fondate una vostra compagnia. Create degli agganci. Gli agganci sono fondamentali.
FRANKIE Di agganci non ne ho.

CHRIS Bau eins auf.
Pause.
FRANKIE Warum kann ich nicht Teil deines Netzwerkes sein –
Kurze Pause.
CHRIS *lachend, verblüfft, auch ablehnend* Hey – wieso solltest du Teil meines Netzwerks sein, ich kenne dich gar nicht.
FRANKIE Sechs Jahre.
Kurze Pause.
Es heißt immer, die verhandeln nicht, aber die verhandeln doch.
Kurze Pause.
Weißt du, ob die verhandeln –
Kurze Pause.
Oder kannst du darüber nicht sprechen. Du kannst darüber nicht sprechen, oder?
Kurze Pause.
Ich habe das Gefühl, daß die Gespräche immer wieder von vorne losgehen, man trifft sich und redet, aber es geht nicht vorwärts. Keine Zusagen, keine Absagen. Statt dessen beginnt das Gespräch immer wieder von vorne. Höflichkeiten. Lange Exkurse über Dinge, die nichts mit mir zu tun haben. Kenya. Schnitzler. Speyer. Goethes Vater.
CHRIS Hast du dich mal gefragt, woran das liegt –?
FRANKIE Ich bin mir nicht sicher, ob die mich überhaupt erkennen, wenn ich im Flur an denen vorbeigehe. Ich bin mir nicht einmal sicher, ob die mich erkennen, wenn ich im Büro vor denen sitze. Das gibt es.
Ist schon vorgekommen. Daß sie jemandem sagen, daß sie leider niemanden einstellen, der aber schon seit Jahren unter Vertrag ist. Das mußt du dir mal vorstellen – stell dir das mal vor!
CHRIS Ich kann dir sagen, woran das liegt: Die haben nicht wirklich Interesse.
Kurze Pause.
Es kann sein, daß sie mit bestimmten Leuten verhandeln – aber nur, weil sie niemand anderen finden. Keinen, der es macht –
FRANKIE Ich würde es machen – ich wills ja machen, nichts lieber als das!
Pause.
CHRIS Vielleicht bist du einfach nicht gut genug.
Pause. Bevor Frankie was sagen kann –
Vielleicht bist du einfach nicht gut genug. Viele Schauspieler haben dieses Problem, sie sind einfach nicht gut genug.
Kurze Pause.
Und niemand sagt es ihnen. Jahre lang.

CHRIS Createli.
Pausa.
FRANKIE Perché non posso far parte della tua rete di agganci –
Breve pausa.
CHRIS *ride esterrefatto, anche con un'aria di rifiuto* Ehi – perché dovresti far parte della mia rete di agganci, non ti conosco nemmeno.
FRANKIE Sei anni.
Breve pausa.
Si sente in giro sempre che non trattano, ma trattano di sicuro.
Breve pausa.
Sai se trattano –
Breve pausa.
O non puoi parlare di questo. Non puoi parlare di questo, vero?
Breve pausa.
Ho l'impressione che i discorsi ricomincino sempre da capo, ci si trova e si parla, ma non si va mai avanti. Nessuna risposta positiva, nessuna risposta negativa. Invece il discorso ricomincia sempre da capo. Parole di cortesia. Lunghi discorsi su cose che non hanno nulla a che vedere con me. Kenya. Schnitzler. Speyer. Il padre di Goethe.
CHRIS Ti sei mai chiesto da cosa dipenda –?
FRANKIE Non sono sicuro che mi riconoscano quando gli passo accanto in corridoio. Non sono nemmeno sicuro che mi riconoscano quando sono seduto di fronte a loro nell'ufficio. Succede.
È già successo che hanno detto a qualcuno che già da anni lavorava per loro sotto regolare contratto che non assumevano nessuno di nuovo. Immagina un po' – prova a immaginartelo!
CHRIS Ti posso dire da che cosa dipende: non sono davvero interessati.
Breve pausa.
Può essere che trattino con certe persone – ma solo perché non trovano nessun altro. Nessuno che lo faccia –
FRANKIE Io lo farei – io lo voglio fare, niente di meglio che questo!
Pausa.
CHRIS Forse, semplicemente, non sei abbastanza bravo.
Pausa. Prima che Frankie possa dire qualcosa –
Forse non sei abbastanza bravo. Molti attori hanno questo problema, semplicemente non sono abbastanza bravi.
Breve pausa.
E nessuno glielo dice. Per anni.

Kurze Pause.
Du hilfst mir. Ohne dich wäre ich vollkommen verloren.
FRANKIE Du bist mir nichts schuldig –
CHRIS Ich werde dich jetzt nicht anlügen, was ich sonst mit Sicherheit täte, schon um dieser Situation hier aus dem Weg zu gehen: Du warst einfach nicht besonders gut. Du warst nicht unterirdisch schlecht, aber du warst auch nicht besonders gut.
Kurze Pause.
Ich wundere mich, daß sie dich hier sechs Jahre lang behalten haben.
Kurze Pause.
Aber es wundert mich nicht, daß du nichts anderes in den letzten Jahren bekommen hast.
Man sieht hin, und man sieht doch nicht hin.
Kurze Pause.
Es gibt Schauspieler, die haben fast so etwas wie eine kriminelle Energie, die man sofort spürt. Die einfach da ist. Die nicht fragen. Die sich rücksichtslos nehmen, was sie brauchen.
Kurze Pause.
Zu wenig. Zu schmal. Zu langweilig. Nicht viel. Eng.
Pause.
Schmeißt du mich jetzt raus? Ich sage es so, wie es ist. Wenn du willst, gehe ich jetzt. Wenn du willst, kannst du mich rausschmeißen.
Kurze Pause.
FRANKIE Du hast vergessen, wie ich heiße, oder? Wenn du hier morgen rausgehst, wüßtest du nicht mal, wer ich war. *Kurze Pause.*
CHRIS Stimmt.
FRANKIE Hast du –
Kurze Pause.
Hier: Ich schreibs dir auf. Ich schreibe dir meinen Namen und meine Adresse und meine Telephonnummer auf. Ich schreibe es auf diesen Zettel.
Kurze Pause.
Verlier den Zettel nicht. Heb ihn auf. Schmeiß ihn nicht weg. Verlier den Zettel nicht.

Breve pausa.
Mi stai aiutando. Senza di te sarei completamente perso.
FRANKIE Non mi devi nulla –
CHRIS Ora non ti mentirò, cosa che altrimenti farei di sicuro pur di uscire da questa situazione: tu non hai recitato particolarmente bene. Non incredibilmente male, ma nemmeno particolarmente bene.
Breve pausa.
Mi meraviglio che ti abbiano tenuto per sei anni.
Breve pausa.
Ma non mi meraviglia che non abbia ricevuto altri ruoli negli ultimi anni. Ci si fa caso e allo stesso tempo non ci si fa caso.
Breve pausa.
Ci sono attori che hanno come una specie di energia criminale, che si percepisce subito, che è semplicemente lì. Loro non chiedono. Loro si prendono spietatamente ciò di cui hanno bisogno.
Breve pausa.
Troppo poco. Troppo magro. Troppo noioso. Non tanto. Stretto.
Pausa.
Ora mi sbatti fuori? Io dico le cose così come stanno. Se vuoi, me ne vado ora. Se vuoi, mi puoi sbattere fuori.
Breve pausa.
FRANKIE Ti sei dimenticato come mi chiamo, vero? Quando domani te ne vai da qui, non saprai nemmeno chi ero.
Breva pausa.
CHRIS È così.
FRANKIE Hai –
Breve pausa.
Ecco qui: te lo scrivo. Ti scrivo il mio nome e il mio indirizzo e il mio numero di telefono. Te li scrivo su questo foglio.
Breve pausa.
Non perdere il foglio. Conservalo. Non buttarlo via. Non perdere il foglio.

Dritter Akt

1.

Peter und Sandra in den Tierkostümen als Löwe und Antilope wie zuvor. Etwas voneinander entfernt. Vollkommen außer Atem. Man weiß nicht warum.

SANDRA Das Kind –
Sie atmen beide schwer, sie sind vollkommen außer Atem.
Das Kind –
Weiter außer Atem. Das Kind ist von dir. *Weiter außer Atem.*
Willst du nicht wissen, wie es heißt?
Kurze Pause.
Willst du nicht wissen, was es ist?
Kurze Pause.
Es ist ein Junge.
Kurze Pause.
Ich werde ihm nicht sagen, daß du der Vater bist.
Kurze Pause.
Ich werde ihm sagen, sein Vater sei tot!

2.

Kurze Musik. Die Ginsterkatze.

DIE GINSTERKATZE Das Reich der Tiere veränderte sich, nachdem das Zebra verschwunden war, es zerfiel. Es hatte einen Herrscher, aber dieser Herrscher regierte nicht. Er wurde von einem Schatten verfolgt, der ihn nie mehr losließ. Und so regierten in dem Reich der Tiere von nun an Sinnlosigkeit und Blutgier.

3.

Sandra, Dirk, Isabel in ihren Tierkostümen.

SANDRA War jemand bei der Lesung?
Keine Antwort.
Der ist da hingegangen.
Kurze Pause.
Der ist hingegangen.

Terzo atto

1.

Peter e Sandra nei costumi da leone e antilope come prima. Un po' lontani l'uno dall'altra. Completamente senza fiato. Non si sa perché.

SANDRA Il bambino –
Respirano entrambi con difficoltà, sono completamente senza fiato.
Il bambino –
Ancora senza fiato. Il bambino è tuo. *Ancora senza fiato.*
Non vuoi sapere come si chiama?
Breve pausa.
Non vuoi sapere che cos'è?
Breve pausa.
È un maschio.
Breve pausa.
Non gli dirò che sei tu suo padre.
Breve pausa.
Gli dirò che suo padre è morto!

2.

Breve momento musicale. La genetta.

LA GENETTA Il regno degli animali cambiò dopo la scomparsa della zebra, si disintegrò. Aveva un sovrano, ma questo sovrano non regnava. Era inseguito da un'ombra che non lo lasciava più libero. E così da allora in poi regnarono nel regno degli animali l'insensatezza e la sete di sangue.

3.

Sandra, Dirk, Isabel nei loro costumi da animale.

SANDRA Qualcuno è andato alla lettura?
Nessuna risposta.
Lui ci è andato.
Breve pausa.
Lui ci è andato.

Kurze Pause.
Sonst war keiner da. Oder? Ich war nicht da, warst du da? Ich war nicht da.
Kurze Pause.
Natürlich nicht.
Lange Pause. Sie bringt etwas an ihrem Kostüm in Ordnung.
Hat ihm seine Nummer aufgeschrieben. Hat einfach ein paar Zahlen auf einen Zettel geschrieben. Das war alles. Ein bißchen Tinte, ein paar Zahlen.
Kurze Pause.
Das bringt ein Schweinegeld. Ein Schweinegeld.
Kurze Pause.
ISABEL Fünfhundert Euro.
DIRK Fünfhundert Euro.
ISABEL Viel.
DIRK Ja, viel.
Kurze Pause. Aber – *Kurze Pause.*
ISABEL Fünfhundert Euro für ein Abendessen.
DIRK Benefiz. Eine Gala. Alle sind da.
SANDRA Wer?
DIRK Leute –
SANDRA Hast du die fünfhundert?
DIRK Nein!
SANDRA Also –
DIRK Aber vielleicht lernt man da jemanden kennen –
ISABEL Wen?
DIRK Ich weiß nicht.
Kurze Pause.
Auftritt Peter, er ist vollkommen aufgebracht.
PETER Wieso – wieso –
wieso Frankie?
Kurze Pause. Er kann es noch immer nicht begreifen.
Frankie?
DIRK Ja, Frankie –
PETER Frankie ist weg? Weg? Nach New York? Wieso New York?
DIRK Keine Ahnung, er hat den –
PETER Der sieht doch überhaupt nicht so aus –
DIRK Er hat diesen –
PETER Er sieht nicht so aus –
DIRK Er hat gesagt, er trägt in New York eine Frau über eine Pfütze.
Kurze Pause.

Breve pausa.
Per il resto, non c'era nessun altro. O sì? Io non c'ero, tu c'eri? Io non c'ero.
Breve pausa.
Certo che no.
Lunga pausa. Mette a posto qualcosa nel suo costume.
Gli ha lasciato il suo numero. Gli ha scritto semplicemente un paio di numeri su un foglio. Questo è stato il tutto. Un po' d'inchiostro, un paio di numeri.
Breve pausa.
Porta un sacco di soldi. Un sacco di soldi.
Breve pausa.
ISABEL Cinquecento euro.
DIRK Cinquecento euro.
ISABEL Molto.
DIRK Sì, molto.
Breve pausa. Ma – *Breve pausa.*
ISABEL Cinquecento euro per una cena.
DIRK Beneficenza. Una serata di gala. Sono tutti là.
SANDRA Chi?
DIRK La gente –
SANDRA Tu ce li hai i cinquecento?
DIRK No!
SANDRA Quindi –
DIRK Ma forse si conosce qualcuno –
ISABEL Chi?
DIRK Non lo so.
Breve pausa. Entra Peter. È completamente sconvolto.
PETER Perché – perché –
Perché Frankie?
Breve pausa. Non riesce ancora a concepirlo.
Frankie?
DIRK Sì, Frankie –
PETER Frankie è andato via? Via? A New York? Perché New York?
DIRK Non lo so, ha –
PETER Non sembra per niente uno così –
DIRK Ha –
PETER Non sembra uno così –
DIRK Ha detto che a New York avrebbe portato in braccio una donna oltre una pozzanghera.
Breve pausa.

PETER Und das Zebra?
DIRK Keine Ahnung –
PETER Was ist mit dem Zebra –
DIRK Das Zebra ist gestrichen –
PETER Ohne das Zebra –
DIRK Ein neues Zebra –
PETER Es muß doch ein neues Zebra geben –
DIRK Ein neues Zebra lohnt sich nicht mehr.
PETER Das –
Er will etwas sagen, aber ihm bleibt die Sprache weg.
Peter gefaßt, langsam.
Und wer macht von nun an, was bisher das Zebra gemacht hat?
DIRK Ich.
PETER Du?
Kurze Pause.
Aber du – du bist doch –
DIRK Das Zebra gibt es nicht mehr –
PETER Aber du bist kein Zebra. Du bist ein Vogel, das Zebra ist wichtig, wie soll der Löwe über den Fluß kommen –
DIRK Mit mir –
PETER Du trägst mich – der Marabu –
DIRK Ein Sinnbild.
Kurze Pause.
Und du tötest das Krokodil –
PETER Aber du bist viel zu – wie soll der Marabu den Löwen, ich meine, der Marabu kann doch nicht das Zebra ersetzen, das glaubt doch keiner –
Kurze Pause.
Das glaubt doch keiner!

4.

Kurze Musik.
Der Marabu trägt den Löwen durch den Fluß.
Ein Krokodil kommt näher und reißt den Rachen auf

5.1.

Peter, Isabel, Sandra, Dirk.

PETER E la zebra?
DIRK Non lo so –
PETER Cosa facciamo adesso con la zebra –
DIRK La zebra è cancellata –
PETER Senza la zebra –
DIRK Una nuova zebra –
PETER Ci deve pure essere una nuova zebra –
DIRK Non vale la pena di trovare una nuova zebra.
PETER Questo –
Vuole dire qualcosa, ma gli mancano le parole. Peter controllato e lento.
E chi farà da ora in poi ciò che fino a ora faceva la zebra?
DIRK Io.
PETER Tu?
Breve pausa.
Ma tu – tu non sei mica –
DIRK La zebra non c'è più –
PETER Ma tu non sei una zebra. Sei un uccello, la zebra è importante, come farà il leone ad attraversare il fiume –
DIRK Con me –
PETER Mi porti tu – il marabù –
DIRK Un simbolo.
Breve pausa.
E tu uccidi il coccodrillo –
PETER Ma tu sei troppo – Come può il marabù portare il leone, intendo, il marabù non può di certo sostituire la zebra, non se la beve nessuno –
Breve pausa.
Non se la beve nessuno!

4.

Breve momento musicale.
Il marabù porta in spalla il leone attraversando il fiume.
Un coccodrillo si avvicina e spalanca le fauci.

5.1.

Peter, Isabel, Sandra, Dirk.

DIRK Ich habe den Fernseher angemacht, und ich kannte alle – alles alte Bekannte oder Freunde oder Freunde von Freunden. Mit der war ich mal zusammen, bevor die jeden Abend im Fernsehen war, als die noch keiner kannte, und mit dem hab ich gesoffen, bis es hell wurde.
Eine Geisterbahn.
Dann: Werbung. Und den Mann in der Werbung kenne ich auch. Ein Mann trägt eine Frau über eine große Pfütze.
Frankie.
Und ich schalte weiter: auch Werbung, was für ein Zufall, derselbe Spot, Frankie. Und ich schalte weiter: überall Werbung, und wieder der Spot, Frankie, auf drei Kanälen gleichzeitig.
Kurze Pause.
ISABEL Eine Scheibe Brot. Ein Spiegelei.
Eine Pfeffermühle.
Kurze Pause.
SANDRA Dafür hat der diesen Preis bekommen, und der sagt, daß er die Jury verachtet und daß er das Geld gar nicht mehr braucht.
Kurze Pause.
Und daß er es trotzdem nimmt.
Kurze Pause.
Klar. Hätte ich auch gemacht.
ISABEL Ich hatte mal vor, ein Programm über das verlorene Paradies zu machen, aber es hat hier niemanden interessiert. Himmel und Hölle: Daraus kann man doch was machen.
Die Schlacht der Engel. Besser als der Putztrupp.

5.2.

Peter, Sandra, Isabel und Dirk beginnen, ihre Tiermaskierungen und Kostüme abzulegen. Sie schminken sich ab. Sie gehen sehr sorgsam mit den Teilen um, mit den Fellen, Haaren, Haarteilen, Perücken, Hörnern, Schnäbeln, Mähnen, Hufen, Klauen.
Dann duschen sie alle. Währenddessen:

PETER Vielleicht müssen wir umschulen. Ich habe auf MTV diese Mädchen gesehen, die tanzen und singen, diese ganzen Mädchen, lauter Mädchen, die ihren Körper schütteln. Wer bringt denen das bei? Es gibt doch Leute, die so was machen, die den Mädchen so was beibringen. Wer macht das? Wie kommt man da ran?
ISABEL Du sollst dein Kind weggegeben haben?

DIRK Ho acceso il televisore, e conoscevo tutti – una sfilza di vecchi conoscenti o di amici o amici di amici. Con quella ci sono stato assieme, prima che fosse ogni sera in televisione, quando ancora non la conosceva nessuno, e con quello ho bevuto fino all'alba.
Un treno fantasma.
Poi: pubblicità. E conosco anche l'uomo della pubblicità. Un uomo porta in braccio una donna oltre una pozzanghera.
Frankie.
E cambio canale: ancora pubblicità, che caso, lo stesso spot, Frankie. E cambio ancora canale: dappertutto pubblicità, e ancora lo spot, Frankie, su tre canali contemporaneamente.
Breve pausa.
ISABEL Una fetta di pane. Un uovo al tegame.
Un macinapepe.
Breve pausa.
SANDRA Quello per questa roba ha preso un premio, e dice che disprezza la giuria e che non ha nemmeno più bisogno dei soldi.
Breve pausa.
E che ciononostante li prende lo stesso.
Breve pausa.
Certo. L'avrei fatto anch'io.
ISABEL Una volta avevo intenzione di fare un programma sul paradiso perduto, ma non interessava a nessuno. Cielo e inferno: ci si può ricavare ancora qualcosa.
La battaglia degli angeli. Meglio di un gruppo di addetti alle pulizie.

5.2.

Peter, Sandra, Isabel e Dirk iniziano a togliersi le maschere e i costumi da animali. Si struccano. Trattano con attenzione tutti i pezzi, le pelli, i capelli, toupet, le parrucche, le corna, i becchi, le criniere, gli zoccoli, gli artigli.
Poi si fanno tutti la doccia. Nel mentre:

PETER Forse dobbiamo fare un corso di riqualificazione. Su MTV ho visto quelle ragazze che ballano e cantano, tutte ragazze, nient'altro che ragazze che agitano il proprio corpo. Chi glielo ha insegnato? Eppure ci sono persone che fanno queste cose, che insegnano alle ragazze come fare. Chi lo fa? Come ci si arriva?
ISABEL È vero che hai dato via il bambino?

Kurze Pause.
Weil du sonst keine Zeit hättest für das hier –
Kurze Pause.
Stimmt das, daß du dein Kind weggegeben hast? Stimmt das?
PETER Du willst *was*?
Pause.
DIRK Ja, ich dachte –
Pause.
PETER Du willst nicht –
DIRK Ja, doch – auf der Gala –
PETER Das willst du nicht! Das –
DIRK Ich –
PETER Das –
DIRK Das ist – auf der Benefizgala –
PETER Das willst du nicht, das willst du nicht wirklich – Du willst –
Pause. Sie fangen an, sich abzutrocknen.
Du willst –
Kurze Pause.
Frankie anrufen?
Pause.
DIRK Ja –
PETER Anrufen –
DIRK Anrufen – ja, auf der –
PETER Warum?
DIRK Frankie ist doch in Ordnung.
PETER Was?
DIRK Nein –
PETER Was?
DIRK Was ist, ich meine, was ist mit Frankie denn – auf der Gala –
PETER Auf der Gala –
DIRK Ich war auf dieser Benefizgala –
ISABEL Fünfhundert Euro für ein Essen.
DIRK Und ich habe jemanden kennengelernt, der vielleicht die Putzfrau finanziert, die Geschichte mit den Männern als Putzfrauen –
Kurze Pause.
Den interessiert das –
Kurze Pause. Peter dreht sich sehr langsam zu Dirk um.
Den interessiert das, er fand das gut, ich hab ihm die Geschichte erzählt –
Pause.

Breve pausa.
Perché altrimenti, dicono, non avresti tempo per fare questo –
Breve pausa.
È vero che hai dato via il bambino? È vero?
PETER Cos'è che che vuoi?
Pausa.
DIRK Sì, pensavo –
Pausa.
PETER Non vuoi –
DIRK Sì, però – alla serata di gala –
PETER Non vuoi veramente questo! Questo –
DIRK Io –
PETER Questo –
DIRK Questo è – al galà di beneficenza –
PETER Questo non lo vuoi, questo non lo vuoi veramente –
Tu vuoi –
Pausa. Iniziano ad asciugarsi.
Tu vuoi –
Breve pausa.
Chiamare Frankie?
Pausa.
DIRK Sì –
PETER Chiamare –
DIRK Chiamare – sì al –
PETER Perché?
DIRK Frankie è a posto.
PETER Cosa?
DIRK No –
PETER Cosa?
DIRK Cosa c'è, voglio dire, cosa c'è con Frankie – alla serata di gala –
PETER Al galà –
DIRK Io sono andato al galà di beneficenza –
ISABEL Cinquecento euro per una cena.
DIRK E ho conosciuto qualcuno che forse vuole finanziare la donna delle pulizie, la storia con gli uomini travestiti da donne delle pulizie –
Breve pausa.
A quello interessa –
Breve pausa. Peter si gira molto lentamente verso Dirk.
Gli interessa, l'ha trovato ben fatto, gli ho raccontato la storia –
Pausa.

PETER Ja?
Kurze Pause.
DIRK Ja!
Kurze Pause.
Aber die wollen einen Namen. Oder ein Gesicht.
Pause.
So jemand wie Frankie.
Pause.
PETER Frankie war sechs Jahre lang das Zebra, und jetzt trägt er im Fernsehen eine Frau über eine Pfütze. In einem Zwanzig-Sekunden-Spot.
DIRK Egal – der meint, es geht um das Gesicht.
PETER Frankie kann nichts.
DIRK Der meint, es braucht so was wie ein Zugpferd. Jemand, den man auch schon mal im Ausland gesehen hat – der sagt, ohne Frankie geht nichts.
Kurze Pause.
Ohne Frankie geht nichts.
Sobald sie mit dem Duschen und dem Abtrocknen fertig sind, beginnen die vier, sich neue Kostüme anzuziehen. Peter steigt in ein Spiegelei-Kostüm, Dirk wird zu einer Ketchupflasche, Typ »Squeeze«, Isabel hat ein Pfeffermühlen-Kostüm, das, wie die anderen Kostüme auch, nicht ganz leicht anzuziehen ist, das Kostüm, das Sandra anzieht, ist DAS TOASTBROT. Anders als die Tierkostüme sind diese Kostüme viel weniger zeichenhaft, viel eindeutiger.

6.

Dunkel. Musik. Peter, Dirk, Sandra und Isabel als DAS SPIEGELEI, DAS TOASTBROT, DIE PFEFFERMÜHLE, DIE KETCHUPFLASCHE.

DAS SPIEGELEI, DAS TOASTBROT, DIE PFEFFER MÜHLE, DIE KETCHUPFLASCHE Dunkel. Musik. Es wird langsam hell. An der Rampe stehen in einer Reihe mit dem Gesicht zum Publikum: Das Spiegelei, Das Toastbrot, Die Pfeffermühle, Die Ketchupflasche. Abwartend, ernst, unsicher. Lange geschieht nichts. Gelegentlich tauschen die vier – soweit es die Kostüme zulassen – Blicke aus.
  Eine unmerkliche Bewegung. Rücken das Spiegelei und das Toastbrot näher zusammen?
  Es könnte sein.
  Ja, es ist so. Sie rücken näher zusammen, sie kommen sich näher.

PETER E?
Breve pausa.
DIRK Sì!
Breve pausa.
Ma vogliono un nome. O una faccia nota.
Pausa.
Qualcuno come Frankie.
Pausa.
PETER Frankie è stato per sei anni la zebra, e ora in televisione porta in braccio una donna oltre una pozzanghera. In uno spot di venti secondi.
DIRK È uguale – lui dice che quello che conta è la faccia nota.
PETER Frankie non sa fare nulla.
DIRK Lui dice che c'è bisogno di un personaggio di punta. Qualcuno che sia già noto anche all'estero – dice che senza Frankie non se ne fa nulla.
Breve pausa.
Senza Frank non se ne fa nulla.
Non appena hanno finito di farsi la doccia e asciugarsi, iniziano a indossare dei nuovi costumi. Peter si mette un costume da uovo al tegame, Dirk diventa una bottiglia di ketchup di quelle da schiacciare, Isabel indossa un costume da macinapepe, che come gli altri costumi non è per niente facile da indossare, il costume che indossa Sandra è quello del TOAST. Al contrario dei costumi da animali questi costumi sono molto meno simbolici, molto più espliciti.

6.

Buio. Musica. Peter, Dirk, Sandra e Isabel nel ruolo di L'UOVO AL TEGAME, IL TOAST, IL MACINAPEPE, LA BOTTIGLIA DI KETCHUP.

L'UOVO AL TEGAME, IL TOAST, IL MACINAPEPE, LA BOTTIGLIA DI KETCHUP È buio. Musica. A poco a poco arriva la luce. Alla ribalta. Stanno in fila con il viso verso il pubblico: l'uovo al tegame, il toast, il macinapepe, la bottiglia di ketchup. In attesa, seri, incerti. Per un bel po' non succede nulla. Occasionalmente i quattro si scambiano degli sguardi – costumi permettendo.
Un movimento impercettibile. L'uovo al tegame e il toast si avvicinano?
Potrebbe essere.
Sì, è così. Si fanno d'appresso, si avvicinano.

Die Pfeffermühle kann ihren Kopf drehen. Dabei entsteht ein mahlendes Geräusch.

Die Squeeze-Ketchupflasche kann ihren Verschluß aufklappen und wieder schließen, später wird der Verschluß etwas ausleiern und deshalb auch von alleine aufgehen.

Das Eidotter in der Mitte des Spiegeleis ist weich, aber nicht so weich, daß es gleich kaputtginge.

Sie tanzen kurz ein bißchen auf der Stelle, soweit möglich. Ab und zu bespringen sie sich.

Pfeffermühle und Ketchupflasche: ein Zungenkuß. Das Spiegelei und das Toastbrot reiben sich aneinander. Das Ei geht etwas kaputt. Auch der Toast löst sich langsam auf.

Bis hierhin haben die vier keine Geräusche oder Töne von sich gegeben, nun aber kann der Toast nicht anders als vor Schmerz zu stöhnen.

Die Pfeffermühle hat einen Weg gefunden, die Ketchupflasche zu foltern. Dabei beginnt die Ketchupflasche, rote Flüssigkeit zu verlieren.

Toast und Spiegelei sind in einem furchtbaren Zustand und lassen voneinander ab.

Jemand benutzt einen Alubratwender als Telephon.

Der Toast nähert sich dem Pfeffer. Was für eine Erleichterung. Sie umarmen sich.

Das Ei lehnt sich an die angeschlagene Ketchupflasche; aber was soll daraus werden?

Die Pfeffermühle springt auf dem Toast herum.

Das Spiegelei gibt sich auf, frißt sich vielleicht selbst.

Die Ketchupflasche mißhandelt die Pfeffermühle, verliert dabei zusehends rote, dicke Flüssigkeit.

Es wird langsam dunkel. Ende.
ENDE

Il macinapepe riesce a girare la testa. Ne deriva un rumore stridente.
La bottiglia di ketchup può aprire il suo tappo e di nuovo chiuderlo, più avanti il tappo si allenterà e perciò si aprirà anche da solo.
Il tuorlo al centro dell'uovo al tegame è molle, ma non così molle da rompersi subito.
Ballano per un po' sul posto, per quanto è possibile. Ogni tanto si saltano addosso.
Macinapepe e bottiglia di ketchup: un bacio con la lingua.
L'uovo al tegame e il toast si strofinano l'un l'altro. L'uovo si rompe un po'. Anche il toast inizia lentamente a disfarsi.
Fino a questo momento i quattro non hanno prodotto nessun rumore o suono, ora però il toast non può far altro che lamentarsi per il dolore.
Il macinapepe ha trovato un modo per torturare la bottiglia di ketchup.
Così, la bottiglia di ketchup inizia a perdere liquido rosso.
Il toast e l'uovo al tegame sono in uno stato terribile e si allontanano l'uno dall'altro.
Qualcuno usa una paletta d'alluminio come telefono.
Il toast si avvicina al pepe. Che sollievo. Si abbracciano.
L'uovo si appoggia alla bottiglia di ketchup schiacciata; ma come andrà a finire tra loro?
Il macinapepe saltella sul toast.
L'uovo al tegame si arrende, forse si autodivora.
La bottiglia di ketchup maltratta il macinapepe, ma ciò facendo perde in modo vistoso un liquido rosso e spesso.
Sulla scena cala lentamente l'oscurità. Fine.
FINE

VALENTINA GIANOLA

IL REGNO DEGLI ANIMALI

Percorsi interpretativi nell'opera di Roland Schimmelpfennig

Un giardino del fallimento e della tortura [...] Una parabola sul fallimento[1]

L'autore

Il Regno degli Animali è l'opera centrale della *Trilogia degli animali* del drammaturgo contemporaneo tedesco più rappresentato nell'ultimo decennio, Roland Schimmelpfennig. Le sue opere vengono messe in scena in oltre quaranta paesi. Schimmelpfennig ha ottenuto numerosi premi, tra cui i due più importanti nel 2010, cioè il *Mühlheimer Dramatikerpreis* per l'opera *Der goldene Drache* e l'*Else-Lasker-Schüler-Preis* per le opere complete.

Roland Schimmelpfennig nasce a Göttingen nel 1967. Dopo aver svolto un lungo periodo di attività come giornalista a Istanbul studia teatro e regia presso la Otto-Falckenberg-Schule a Monaco. Nel 1992 intraprende la carriera teatrale come assistente alla regia presso i *Kammerspiele* di Monaco dove, già a partire dal 1995, partecipa alla direzione artistica. Dal 1996 inizia a lavorare come autore indipendente. Dopo aver trascorso un anno negli Stati Uniti, Schimmelpfennig è ingaggiato come drammaturgo della *Schaubühne* di Berlino dal 1999 al 2001 e dal 2001 al 2002 lavora come autore per il *Deutsches Schauspielhaus* di Amburgo. Dal 2000 riceve commissioni di opere teatrali dai più importanti teatri del mondo, tra i quali quello di Stoccarda e di Hannover, di Vienna, di Zurigo e di Santiago del Chile. Attualmente vive a Berlino.

Tra le opere giovanili si possono citare: *Die ewige Maria* (*La sempiterna Maria*, 1996), la prima opera scritta dall'autore nel 1996, *Keine Arbeit für die junge Frau im Frühlingskleid* (*Nessun lavoro per la giovane donna in abito primaverile*, 1996), *Vor langer Zeit im Mai* (*Molto tempo fa a mag-*

---

1 Cfr. *supra*, p. 79.

gio, 2000). Le opere più recenti e più rappresentate dell'autore sono quelle scritte tra il 2000 e il 2009: *Die arabische Nacht* (*Notte araba*, 2001), un'opera con la quale raggiunge il successo nel 2001, rappresentata al teatro di Stoccarda, *Push Up 1-3* (*Push Up 1-3*, 2001), *Vorher/Nacher* (*Prima/ Dopo*, 2002), *Die Frau von früher* (*La donna di un tempo*, 2001), *Auf der Greifswalder Straße* (*In Greifswalder Straße*, 2006), *Ende und Anfang* (*Fine e inizio*, 2006), *Besuch bei dem Vater* (*Visita al padre*, 2007), *Das Reich der Tiere* (*Il regno degli animali*, 2007), *Hier und jetzt* (*Qui e ora*, 2008) e *Der goldene Drache* (*Il drago d'oro*, 2010). Di recentissima apparizione è invece il primo romanzo pubblicato dall'autore: *An einem klaren, eiskalten Januarmorgen zu Beginn des 21. Jahrhunderts* (*In una chiara, fredda mattina di gennaio, all'inizio del XXI secolo*, 2016).[2]

I critici e gli studiosi del panorama teatrale tedesco hanno cercato in varie occasioni di definire e di descrivere l'autore e il suo mondo teatrale, pur faticando a tracciarne un profilo univoco, dato il suo eclettismo e la sua poliedrica attività. Per esempio la rivista *Theater der Zeit* ha definito Schimmelpfennig come un «pioniere nella rivalutazione delle circostanze esterne»[3] e nella maggior parte degli articoli presenti nella rivista *Theater Heute* è stato indicato come un poeta misterioso alla ricerca di «una poesia del quotidiano».[4] Peter Michalzik lo definisce come «il poeta tra i drammaturghi odierni»,[5] cioè come colui il quale riesce ad ascrivere alle apparizioni quotidiane una dimensione mitica. Inoltre, afferma quanto segue:

> Così, da un po' di tempo, Schimmelpfennig riesce a catturare più realtà di quanta un naturalista o un illuminista possa immaginare. In effetti, la realtà che ci presenta acquisisce un qualcosa di farfallesco, ma è qui, palpabile, visibile, udibile, e soprattutto percepibile e intuibile sul palco […] Non è una superficie realistica, è invece uno spazio presente e concreto quello che Schimmelpfennig è in grado di dischiudere. Il presente, però, non è ciò che tutti conoscono, ma ciò che appare a tutti come un mistero.[6]

---

2 Biografia tratta da: U. Fischer, *Roland Schimmelpfennig – Biogramm*, 2016, URL: http://www.munzinger.de/search/katalog/klg?portalid=50919& id=16000000752 (ultima consultazione 1 ottobre 2017).
3 C. Laudhan, *Zwischen Postdramatik und Dramatik: Roland Schimmelpfennigs Raumentwürfe*, Narr, Tübingen, 2012, p. 48.
4 *Ibid.*
5 P. Michalzik, *Dramen für ein Theater ohne Drama. Traditionelle neue Dramatik bei Rinke, von Mayenburg, Schimmelpfennig und Bärfuss*, in S. Tigges (Hrsg.), *Dramatische Transformationen: Zu gegenwärtigen Schreib- und Aufführungsstrategien im deutschsprachigen Theater*, Transcript Verlag, Bielefeld, 2008, p. 37.
6 *Ivi*, p. 38.

Nell'antologia pubblicata nel 2006, *Autoren am deutschen Theater*, Henrike Thomsen definisce Schimmelpfennig come «il romantico tra gli autori contemporanei»[7] e come «il coniglio romantico che manda indietro tutti gli orologi e confonde i concetti».[8] In molte occasioni è stato definito anche come "realista magico" e *Village Voice* lo ha addirittura paragonato a Gabriel García Márquez:

> Schimmelpfennig spinge gli eventi dal banale al mitico con un gusto a ruota libera che è tanto tipicamente tedesco quanto può essere un García Márquez in una giornata di sole.[9]

Schimmelpfennig ha però definito il suo concetto di teatro in numerose interviste, che ha raccolto in un libro pubblicato nel 2014 *Ja und Nein: Vorlesungen über Dramatik*.[10] Qui si legge:

> Il tema del teatro non è il linguaggio. Il tema del teatro è l'uomo, e con ciò il tema del teatro è la fugacità, la finitezza, dal momento che prima o poi tutti ci incontriamo con la nostra finitezza, è proprio così è [...] Il teatro è un filato impalpabile che si forma davanti ai nostri occhi e di nuovo scompare.[11]

Quest'affermazione, che associa la fugacità della vita con quella del teatro, definendolo come un filato leggero, potrebbe forse evocare nella nostra memoria anche la celebre frase fatta pronunciare da William Shakespeare a Macbeth nella quinta scena dell'atto V:

> La vita non è che un'ombra che cammina, un povero attore che si agita e pavoneggia per un'ora sul palcoscenico e di cui poi nessuno saprà più nulla.[12]

È lo stesso Schimmelpfennig ad ammettere nel suo libro e in varie interviste che William Shakespeare è stato per lui, senza ombra di dubbio, un grande maestro. Oltre a Shakespeare, cita come fonti d'ispirazione Mo-

---

7   H. Thomsen, *Das romantische Kaninchen – Was den Dramatiker Roland Schimmelpfennig mit dem Mythos und mit Botho Strauss verbindet*, in R. Koberg, B. Stegemann, H. Thomsen (Hrsg.), *Autoren am deutschen Theater*, Henschel Verlag, Leipzig, 2006, p. 34.
8   Ivi, p. 38.
9   R. Schimmelpfennig, *Trilogie der Tiere*, Fischer, Frankfurt am Main 2007, p. 242.
10 R. Schimmelpfennig, *Ja und Nein: Vorlesungen über Dramatik*, Theater der Zeit, Berlin, 2014.
11 Ivi, p. 18.
12 W. Shakespeare, *Macbeth*, V, http://shakespeare.mit.edu/macbeth/full.html (Ultima consultazione 1 ottobre 2017).

lière, Schiller, Sofocle, Euripide, Büchner, Kleist, Hauptmann, Koltès, Peter Weiss e soprattutto Brecht.[13] Tra gli scrittori che hanno maggiormente influenzato il suo stile, cita Jerome D. Salinger, James Joyce, Hemingway, Günter Grass e Uwe Johnson.[14] Ha attinto altre ispirazioni dal mondo musicale del jazz, da Bob Dylan, in particolar modo dai Beatles e da John Lennon e anche dal mondo del cinema, da Fellini, Antonioni e Hitchcock.[15]

Il drammaturgo predilige tra altri temi quello del "cambiamento":

> Per me il teatro tratta sempre di cambiamento. Del desiderio di cambiamento o del fallimento nel tentativo di cambiare.[16]

Nel suo libro riformula questo concetto del cambiamento, riproponendolo sotto questa forma quasi simile a una filastrocca:

> Cambiamento – o l'impedimento del cambiamento – è il motivo centrale, il motore del teatro:
> Il desiderio di cambiamento,
> TU DEVI DIVENTARE RE,
> il divieto di cambiamento,
> NON PUOI DIVENTARE RE o:
> NON PUOI AMARE,
> TI DEVI SPOSARE,
> la paura del cambiamento,
> VOGLIO RIMANERE AL POTERE,
> o ancora più in grande:
> VOGLIO GIUSTIZIA,
> NON VOGLIO PIÙ STARE SOLO,
> NON VOGLIO MORIRE.[17]

Strettamente legato al tema del cambiamento, si trova quello del fallimento e della perdita che caratterizzano l'autore:

> Ciò che mi guida è la descrizione del fallimento. Non è un'idea originale. Ma è così: la perdita attraversa tutte le mie opere.[18]

---

13 R. Schimmelpfennig, *Ja und Nein: Vorlesungen über Dramatik*, cit., p. 32.
14 *Ibid.*
15 Ivi, pp. 32-33.
16 R. Schimmelpfennig, *Trilogie der Tiere*, cit., p. 234.
17 R. Schimmelpfennig, *Ja und Nein: Vorlesungen über Dramatik*, cit., p. 20.
18 R. Schimmelpfennig, *Trilogie der Tiere*, cit., p. 234.

Alla domanda se il suo teatro si possa considerare politico, l'autore risponde con riluttanza, affermando di avere delle difficoltà a rapportarsi con il termine "politico", in quanto troppo astratto. Il suo teatro potrebbe essere quindi definito, forse in maniera più appropriata, come un "teatro sociale". Infatti, ecco cosa dice:

> Il teatro mira alla città, alla comunità. Esso riflette il passato della società, il presente, o anche qualcosa di simile alle future aspettative, speranze, paure. Ma questo non significa che il teatro si occupi principalmente di politica.[19]

In un'altra occasione, sempre puntando alla relazione del teatro con la società e l'individuo presente nella sua opera, Schimmelpfennig afferma che

> Le opere teatrali riflettono il proprio tempo, soprattutto riflettono l'uomo e i suoi desideri, le nostalgie, le richieste eccessive, gli errori, le paure, la sua inadeguatezza e la sua crudeltà [...] Il teatro racconta di amore e fatica, disperazione, inutilità, solitudine, dolore, paura e felicità.[20]

Inoltre, Roland Schimmelpfennig descrive il suo stile di scrittura come uno stile di condensazione, di compressione con cui s'istituisce un rapporto dialogico con lo spettatore, molto simile a quello di Brecht. Esso è fondamentale per il mondo del teatro, perché tutto il teatro si basa sul dialogo e il rapporto tra l'autore e gli altri:[21]

> Mi interessa la riduzione, l'addensamento – o anche l'omissione, il rifiuto di fornire alcune informazioni e dettagli. La riduzione fa sì che lo spettatore da solo debba mettere assieme alcune parti, scoprire, soppesare. [...] Si tratta di una negoziazione dialogica con il pubblico. Si tratta di raccontare la storia in maniera da lasciare allo spettatore la possibilità di controbilanciare e di indagare l'avvenimento. Mi va a genio un teatro che sia un sistema aperto.[22]

Il rapporto dialogico con lo spettatore ci conduce inevitabilmente al messaggio positivo che questo teatro si propone di diffondere nella società, cioè quello della libertà, del gioco della fantasia, dell'amore e della fiducia negli altri:

---

19 Ivi, p. 230.
20 R. Schimmelpfennig, *Ja und Nein: Vorlesungen über Dramatik*, cit., pp. 77-78.
21 Ivi, p. 48.
22 R. Schimmelpfennig, *Trilogie der Tiere*, cit., p. 242.

Il mio messaggio è sempre quello del gioco, del gioco del teatro, della libertà di pensiero, della libertà della fantasia [...] La libertà è il bene più prezioso.[23]

Considerando, inoltre, la situazione attuale della nostra società e il nostro continuo essere forse consapevolmente o inconsapevolmente esposti alla violenza, alla distruzione degli altri, formula l'idea che dovremmo semplicemente cercare di ricominciare a essere onesti e giusti e a imparare di nuovo a dire "SÌ" oppure "NO":

> Se potessimo ricominciare da capo, da dove ripartiremmo? [...] Se non avessimo una lingua, da dove ripartiremmo? Da mamma e papà. E poi? Impareremmo a DIRE NO e a DIRE SÌ. NO è la parola della delimitazione. Il no mette fine a qualcosa. La fine della repressione è la libertà. E perciò NO è una parola straordinariamente importante [...] SÌ è la parola che rende possibili delle cose impossibili, la parola della disponibilità, di nuovi inizi, della dedizione. SÌ è la parola dell'amore. Pertanto, SÌ è una parola straordinariamente importante.[24]

Analizzando tutti i commenti dei critici e le stesse affermazioni dell'autore, possiamo quindi definire Roland Schimmelpfennig come un grande osservatore della società attuale, che riesce a mettere in scena sempre opere di grandissima attualità, come *Il Regno degli animali*, coniugando la dimensione mitica e poetica.

Suggestioni avanguardiste

Nell'opera centrale della *Trilogia* così come in tutte le opere di Schimmelpfennig possiamo trovare numerosi elementi che sono ricollegabili al teatro del primo Novecento influenzato dalle avanguardie storiche, come l'Espressionismo, il Futurismo, il Surrealismo, il Dadaismo. È bene però fin da ora delineare la profonda differenza formale che esiste tra tutte le altre forme di avanguardia e il teatro del drammaturgo contemporaneo tedesco. Tutte le avanguardie hanno in comune una tendenza trasfigurante della realtà:

> Non esiste avanguardia per la quale il lavoro sulla forma non abbia, in primo luogo, un'altissima *valenza noetica*, e non debba perciò farsi carico di un'altrettanto onerosa *funzione trasfiguratrice* della realtà data.[25]

---

23 R. Schimmelpfennig, *Ja und Nein: Vorlesungen über Dramatik*, cit., p. 86.
24 Ivi, p. 88.
25 R. Tessari, *Teatro e avanguardie storiche. Traiettorie dell'eresia*, Laterza, Bari, 2015, p. 6.

Il compito del teatro di Schimmelpfennig, come già accennato, è, invece, quello di rappresentare la società e le sue problematiche, senza rinunciare però mai a una dimensione poetica e mitica. In tutte le opere dell'autore si trova un filo logico e una connessione tra gli eventi e le storie che sono messe in scena, seppure in alcuni casi le atmosfere che vengono a crearsi riflettono quelle surrealiste. In particolar modo, in *Il Regno degli animali*, troviamo numerose suggestioni avanguardiste, che richiamano la marionettizzazione dell'attore e il teatro d'oggetti.

Un'importante novità delle avanguardie è la de-umanizzazione dell'attore, che è ridotto sempre più a elemento funzionale. L'opera scritta e messa in scena da Alfred Jarry nel 1896, *Ubu re*, inaugura la nuova tendenza della marionettizzazione dell'attore che influenzerà tutte le nuove tendenze avanguardiste. Alla base di questa nuova forma di de-umanizzazione vi è la convinzione che per raggiungere davvero la sfera interiore del pubblico sia paradossalmente necessario servirsi di una maschera e dell'artificialità delle marionette.[26] Se da un lato l'attore si riduce sempre più a elemento funzionale e marionetta, dall'altro lato gli oggetti acquisiscono una rilevanza sempre maggiore.

Infatti, un'altra grande novità proposta dalle Avanguardie, soprattutto dall'Espressionismo, dal Futurismo e dal Cubofuturismo russo, che influenza ancora oggi il teatro contemporaneo, è proprio la "rivolta degli oggetti", ossia il passaggio degli oggetti da una funzione essenzialmente scenica o ornamentale a una funzione attoriale:

> In un'ottica di una teoria dell'"attore" un po' allargata è poi il nuovo protagonismo degli oggetti una delle eredità più rilevanti delle Avanguardie.[27]

Sono soprattutto i manifesti futuristi a mostrare l'importanza degli oggetti nella rappresentazione. In particolare, al settimo punto del manifesto *La cinematografia futurista*, pubblicato nel 1916 nel nono numero del giornale *L'Italia futurista*, troviamo questo pensiero:

> Drammi d'oggetti cinematografati. (Oggetti animati, umanizzati, truccati, vestiti, passionalizzati, civilizzati, danzanti – oggetti tolti dal loro ambiente abituale e posti in una condizione anormale che, per contrasto, mette in risalto la loro stupefacente costruzione e vita non umana).[28]

---

26 L. Allegri, *L'artificio e l'emozione. L'attore nel teatro del Novecento*, Laterza, Bari, 2014, p. 37.
27 Ivi, p. 42.
28 *La cinematografia futurista*, p. 4, URL: http://people.duke.edu/~dainotto/Texts/cinema_futurista.pdf (ultima consultazione 1 ottobre 2017).

La nuova centralità degli oggetti non si limita però al solo mondo del cinema, ma si espande sempre più fino ad arrivare a contaminare il mondo teatrale:

> Il riscatto dell'oggetto nella mera funzione accessoria è palese anche in ambito teatrale, ad esempio in certi testi delle raccolte del *Teatro futurista sintetico* pubblicate da Marinetti nel 1915, come *Vengono*, che non a caso reca il sottotitolo di *Dramma d'oggetti*, in cui le ombre delle sedie di una sala da pranzo si allungano sempre più minacciose come a spingere fuori dalla scena gli umani, oppure già ne *La rivolta degli oggetti* di Majakovskij, del 1913, con gli oggetti stessi che iniziano a volare, assumendo essi stessi il ruolo di interpreti attivi [...].[29]

Già prima dell'opera di Majakovskij, abbiamo un'avvisaglia di questa innovativa "rivolta" degli oggetti con l'opera teatrale d'esordio di Alfred Döblin risalente al 1906, *Lydia e Massimo*.[30] L'opera racconta la vicenda di un regista e di un autore intenti a mettere in scena la storia d'amore e morte di Lydia e Massimo, che non verrà però mai effettivamente rappresentata, perché i due protagonisti saranno uccisi con ordigni esplosivi dagli oggetti di scena. Gli oggetti del salotto, il candelabro, l'armadio, il sedile, si risvegliano sulla scena e avendo piena coscienza di sé stessi decidono di indire una crociata contro gli uomini, i poeti e tutti quanti.[31]

A partire da questo nuovo protagonismo degli oggetti, possiamo riscontrare in tutto il Novecento come cresca l'importanza della funzione attoriale degli oggetti, che perdono ormai definitivamente la loro funzione ornamentale:

> Anche quando perdono o affievoliscono questo impatto minaccioso e inquietante dei momenti iniziali della loro "rivolta", gli oggetti mantengono comunque nel teatro novecentesco una presenza e una significatività prima sconosciute. E in modo più specifico, il teatro di oggetti e di figure inanimate è diventato una realtà importante del teatro contemporaneo, sotto il nome di Teatro di Figura.[32]

Il teatro d'oggetti, cominciato con le avanguardie, è andato sviluppandosi e definendosi soprattutto negli anni Sessanta e Settanta del Novecento, anche grazie alle nuove teorie sul consumo e sul riciclaggio delle merci, e non è mai

---

29 L. Allegri, *L'artificio e l'emozione. L'attore nel teatro del Novecento*, cit., pp. 42-43.
30 R. Tessari, *Teatro e avanguardie storiche. Traiettorie dell'eresia*, cit., p. 35.
31 Ivi, p. 36.
32 L. Allegri, *L'artificio e l'emozione. L'attore nel teatro del Novecento*, cit., p. 43.

completamente in contrasto con il "teatro dei Burattini", che invece ha un'origine molto più antica.³³ Oggi il teatro d'oggetti si declina soprattutto nella manipolazione di questi ultimi da parte di un attore per raccontare una storia ed instaurare un rapporto dialogico con il pubblico. È importante mettere in luce, però, anche in questo caso, come gli oggetti non tendano a perdere la loro autonomia, ma anzi ad acquisirne e viceversa come gli attori-animatori tendano a diventare sempre più simili a dei burattini:

> Il risultato è che l'oggetto mosso dall'uomo non si trasforma in semplice mezzo da usare per raccontare o rappresentare, ma è semmai l'uomo che diventa il 'burattino' dell'oggetto nello spazio, amplificandosi fino a diventarne una possibile coscienza aperta alle suggestioni più fascinose.³⁴

Il teatro d'oggetti delle prime avanguardie e la teoria della marionettizzazione dell'attore sono presenti ancora oggi nel teatro contemporaneo e in particolare in *Il Regno degli animali*, anche se questi due elementi vengono ora utilizzati principalmente per simboleggiare ed evocare la crescente perdita di umanità e di dignità degli individui. Anche all'interno dell'opera centrale della *Trilogia degli animali* troviamo una particolare declinazione del teatro d'oggetti moderno. Mentre il manifesto futurista del cinema sopra citato parlava di "oggetti umanizzati", ci troviamo qui di fronte a dei "soggetti oggettivati".

Fin da principio il tema degli oggetti è fondamentale e, non a caso, la prima parola pronunciata da uno degli attori fa riferimento a un oggetto, cioè all'uovo al tegame. Gli attori, che alla fine saranno costretti a interpretare degli oggetti, sono già, fin dalle prime battute dell'opera, dei veri e propri burattini nelle mani del mondo del teatro, che in realtà rappresenta in un'ottica più generale il mondo capitalistico e quindi anche la nostra società. Essi non riescono mai a confrontarsi direttamente con questo potere quasi "sovrannaturale" del mondo capitalistico e sono manipolati dal loro datore di lavoro, dal mondo del teatro che svolge in un certo senso il ruolo di burattinaio. Gli attori non si ribellano mai alla situazione, non agiscono mai autonomamente e sono sottomessi alla logica del mercato. Per questo, anche se l'effettiva presenza degli oggetti culmina solo nell'ultima scena dell'opera, gli oggetti sono già presenti sulla scena fin dall'inizio in forma

---

33 L. Angelini, P. Serafini, *Il teatro d'oggetti. Il come e il perché del "nostro" teatro*, Guaraldi editore, Rimini, 2015, p. 35.
34 *Teatro d'oggetti e di figura: dalla teoria alla pratica*, 2009, URL: http://www.klp-teatro.it/teatro-oggetti-molnar-editoria (ultima consultazione 1 ottobre 2017).

di soggetti "inanimati" e burattini, incapaci di comunicare e rapportarsi con gli altri rispettosamente.

Le tematiche

Il *Regno degli animali* offre molti spunti di riflessione e, grazie alla sua dimensione mitica e poetica e alla sua straordinaria attualità, mette in luce i problemi della nostra società. Tutti i critici confermano che i temi principali trattati nella *pièce* sono il lavoro e il capitalismo nelle dinamiche che riguardano il mondo del teatro. Dopo la prima rappresentazione dell'opera, avvenuta nel settembre del 2007 presso il *Deutsches Theater* di Berlino, il giornale online *Die Welt* pubblica il seguente commento:

> Il regno degli animali è in realtà una piccola parabola profondamente triste, giocata apparentemente all'interno del mondo del teatro, che tratta, però, anche della spirale con cui il capitalismo trascina verso il basso.[35]

Il *Burgtheater* di Vienna, nella presentazione delle opere in programma per l'anno 2014/2015, dà la seguente definizione dell'opera:

> Una parabola sulla perdita di un'utopia […]. La commedia-backstage assolutamente comica e profondamente triste di Roland Schimmelpfennig racconta del prezzo del trasformismo, dello zoo delle vanità, dei meccanismi di potere e dell'avidità di carne fresca nel mondo del teatro.[36]

Anche la rivista online *Focus.de*, presentando una recensione dell'opera rappresentata all'*Akademietheater* di Vienna, aggiungendo il concetto della "distruzione del senso di appartenenza", la definisce come

> Una parabola animalesca sul fallimento, sulla vanità nel settore della cultura e la distruzione del senso di appartenenza.[37]

---

35 M. Heine, *Dieses Berliner Theater ist Tierquälerei*, 2007, URL: http://www.welt.de/kultur/theater/article1153285/Dieses-Berliner-Theater-ist-Tierquaelerei.html (ultima consultazione 1 ottobre 2017).
36 *Premieren 2014/2015*, URL: http://www.burgtheater.at/Content.Node2/home/spielplan/premieren/Das-Reich-der-Tiere.at.php (ultima consultazione 1 ottobre 2017).
37 *Der Löwe endet als Spiegelei: "Das Reich der Tiere" in Wien*, 2015, URL: http://www.focus.de/kultur/kunst/theater-der-loewe-endet-als-spiegelei-das-reich-der-tiere-in-wien_id_4510456.html (ultima consultazione 1 ottobre 2017).

Sempre a seguito della rappresentazione dell'opera all'*Akademietheater* di Vienna, avvenuta sette anni dopo la prima rappresentazione a Berlino, i due autori della recensione sulla rivista online *Kurier.at*, Guido Tartarotti e Jeff Mangione, affermano quanto segue a proposito dell'opera centrale della *Trilogia*:

> E sebbene il testo sia stato scritto sette anni fa, agisce come se fosse attuale e scritto apposta per il *Burgtheater*. Si tratta della produzione artistica nello stato di penuria, del teatro nel processo di decadimento e di attori che stanno perdendo la loro dignità.[38]

Christine Laudhan vede il tema principale dell'opera nel lavoro e nella critica del sistema teatrale che è diventato capitalistico e sfrutta i propri lavoratori:

> Schimmelpfennig presenta il teatro come una potenza collettiva che sfrutta i propri dipendenti e non lascia nessuna possibilità di sviluppo […] La messa a nudo degli attori, la loro regressione da uomo ad animale, può essere letta come una critica a un apparato teatrale disumano.[39]

Marco Castellari coglie tra i temi principali della denuncia del mondo del teatro il fallimento della ricerca d'identità e la metafora meta-teatrale:

> Schimmelpfennig dipinge un mondo del teatro brutale e dominato da strutture di potere: il tema cardine della fallimentare *quête* di un proprio ruolo esistenziale è evidentemente amplificato, raddoppiato nella metaforica del *theatrum mundi*.[40]

In un'intervista con l'autore, Uwe B. Cartstensen e Friederike Emmerling definiscono invece l'opera centrale della *Trilogia degli animali* come

> Un grande libro degli animali orchestrato sulle note del musical di grande respiro, al quale è contemporaneamente contrapposta l'istinto e la mancanza di istinto dell'uomo.[41]

---

38 G. Tartarotti, J. Mangione, *Roland Schimmelpfennigs "Das Reich der Tiere" im Akademietheater*, 2015, URL: http://kurier.at/kultur/das-reich-der-tiere-im-akademietheater-theater-langartig-und-grossweilig/116.949.517 (ultima consultazione 1 ottobre 2017).
39 C. Laudhan, *Zwischen Postdramatik und Dramatik: Roland Schimmelpfennigs Raumenentwürfe*, cit., pp. 263-266.
40 M. Castellari, *Visita al padre e il teatro di Roland Schimmelpfennig*, 2014, URL: http://www.germanistica.net/2014/02/04/roland-schimmelpfennig-a-milano-2/ (ultima consultazione 1 ottobre 2017).
41 R. Schimmelpfennig, *Trilogie der Tiere*, cit., p. 237.

Da questa serie di commenti e di definizioni dell'opera drammaturgica possiamo riconoscere alcuni argomenti che rendono questa di grande attualità: il mondo del lavoro, il capitalismo, la perdita dell'identità, di un lavoro e della possibilità di agire e cambiare, l'insicurezza, la paura, la distruzione del concetto di comunità, l'assurda logica dei meccanismi di potere, la metafora meta-teatrale esplicitata utilizzando la parabola animalesca, accostata al mondo degli esseri umani e degli oggetti.

Iniziando da uno dei temi principali, che si ricollega anche a tutti gli altri, e cioè quello del capitalismo e della globalizzazione, e di conseguenza dell'individualizzazione, si osserva quanto segue: il gruppo di attori ha rappresentato lo stesso spettacolo per sei anni consecutivi sette giorni la settimana, a volte anche a Pasqua e a Natale, un lavoro che, se ci pensiamo bene, ricorda la catena di montaggio, nel quale una certa mansione viene svolta in modo ripetitivo da un lavoratore, fino a trasformarlo in un automa privo di volontà propria. Questo può farci subito ricordare la scena del celeberrimo film di Charlie Chaplin, *Tempi Moderni*. Ebbene, dopo sei anni, il loro spettacolo *Nel regno degli animali* sta per essere cancellato. L'atmosfera che avvolge tutta la storia è quella di un'angoscia diffusa e dell'incertezza rispetto al futuro. In un certo senso, gli attori hanno paura perché non sanno cosa sarà di loro, come si andrà avanti, ma in un altro senso hanno paura, perché già sanno che cosa li aspetta. Infatti, girano voci che il prossimo spettacolo che il teatro ha intenzione di mettere in scena è *Il Giardino delle Cose*, nel quale gli attori dovranno interpretare degli oggetti da cucina, perdendo così ogni dignità. In questa situazione di estremo disagio, si trovano costantemente di fronte a un'entità estranea, a loro quasi sconosciuta, con cui dovrebbero trattare. L'entità ostile è quella del datore di lavoro, dell'impresa teatrale. Questo "spirito", al quale non viene mai dato un nome vero e proprio, ma che viene sempre e solo qualificato con *die* (loro), esercita un enorme potere sugli attori, senza però riconoscerli in quanto individui. Per "loro" essi non sono nulla, niente più che degli attori, dei ruoli, degli animali, addirittura delle cose. La figura del datore di lavoro che esprime il potere del mondo capitalistico, che seppur non fisicamente presente sul palco, esercita la propria autorità, manipolando gli attori, ci può ricordare *Il Buon Dio di Manhattan*[42] di Ingeborg Bachmann.

---

42 Cfr. I. Bachmann, *Il buon dio di Manhattan – Un negozio di sogni – Le cicale*, Adelphi, Milano, 1991. *Il buon dio di Manhattan* (1958) è il più celebrato tra i radiodrammi della Bachmann. Narra l'impossibile storia d'amore in una New York City chiassosa e frenetica nell'agosto del 1950 tra la bionda Jennifer americana e l'europeo Jan che deve tornare al suo paese d'origine. Sarà il buon dio di Manhattan, che è la personificazione del mondo capitalistico e distruttivo che annienta le

Il gruppo di attori cerca di trovare una soluzione e di sfruttare la situazione, per poter finalmente cambiare e rappresentare una storia ideata da loro stessi, che potrebbe essere anche considerata come "buona", se non fosse che, per rappresentarla, è necessaria la presenza di un volto famoso, di qualcuno che sia conosciuto e che abbia lavorato anche all'estero. A causa dell'irreperibilità di un tale soggetto e dell'eccessivo egoismo e orgoglio di uno dei personaggi, Peter, gli attori sono obbligati a sottomettersi alla dura legge del mercato teatrale. L'ultima scena è l'emblema di tutta l'opera, della definitiva perdita dell'identità, dell'incapacità di rapportarsi con gli altri e dell'impossibilità di trovare il proprio posto nel mondo.

La metafora teatrale ci porta inevitabilmente a considerare anche la nostra società come dominata dal capitalismo. In una società capitalistica e caratterizzata dal precariato ci si trova di fronte a un potere collettivo con il quale è impossibile dialogare; esso non riesce a contemplare la presenza di uomini in quanto individui, ma solo di esseri che svolgono una determinata mansione lavorativa. Senza il riconoscimento come individuo ed essendo privato della possibilità di dialogare e confrontarsi, l'uomo è inevitabilmente destinato, per poter sopravvivere, a ubbidire alla logica capitalistica. Le affermazioni del famoso sociologo tedesco Max Weber sono illuminanti:

> L'ordinamento dell'economia capitalistica odierna è un cosmo enorme in cui l'individuo è immesso fin dalla nascita e che per lui, almeno come singolo, è una dimora di fatto immutabile che gli è data e in cui deve vivere. Impone all'individuo le norme del suo agire economico, nella misura in cui è intrecciato nel complesso del mercato.[43]

Una società capitalistica altamente globalizzata e caratterizzata da un mondo del lavoro che richiede ai propri lavoratori di essere flessibili, ossia, in poche parole, precari, porta inevitabilmente anche all'isolamento dei singoli, al loro mancato riconoscimento da parte degli altri, all'egoismo di chi è al potere e al suo voler affermare a tutti i costi la propria supremazia.

Alla fine dell'Ottocento Emile Durkheim aveva diagnosticato la presenza nella società di un crescente individualismo utilitaristico, nonché di un

---

storie d'amore e che quindi è buono solo per l'assetto ordinato del mondo, a porre fine alla storia dei due amanti.
43 M. Weber, *L'etica protestante e lo spirito del capitalismo*, tr. it. di A.M. Marietti, RCS, Milano, 2010, p. 29.

«culto egoistico dell'Io»[44] e aveva considerato questo processo come inesorabilmente capace di distruggere ogni forma di vita sociale.[45] Questa tesi è stata poi ripresa quasi un secolo dopo anche da Richard Sennett nel suo libro *Der flexible Mensch* (1998); in esso, l'autore afferma che il capitalismo contemporaneo sta creando una cultura nella quale l'uomo è portato a fidarsi sempre di più di se stesso e viene stimolato sempre meno ad essere socievole.[46] Inoltre, Sennett vede la flessibilità, cioè la capacità di adattarsi a sempre nuovi compiti anche per breve tempo, come una regola del gioco del nuovo capitalismo, alla quale deve obbedire ogni individuo che voglia avere socialmente ed economicamente successo.[47] Naturalmente, questa instabilità e discontinuità, che sono intrinsecamente legati alla flessibilità, minacciano fortemente la possibilità di costruire una propria identità, così come i rapporti sociali con altri individui. Sennett formula questo problema sotto forma di una serie di domande retoriche:

> Come si può aspirare a degli obiettivi a lungo termine in una società basata sul breve termine? Come si possono mantenere dei rapporti sociali duraturi? Come può l'uomo in una società composta da episodi e frammenti riunire la propria identità e storia in una narrazione?[48]

In un mondo globalizzato e capitalistico come il nostro, in cui la distinzione tra la sfera pubblica e privata sta lentamente scomparendo, non è più importante per l'individuo cercare di costruire una propria identità biografica e personale. Ciò che realmente importa è il «Selbstmarketing»,[49] cioè il sapersi vendere nel mondo del lavoro, il creare e curare una propria immagine, che rispecchi i canoni dominanti nel mondo del lavoro: bellezza e simpatia, successo e potere. Chiaramente, tutto questo porta l'individuo a una concorrenza spietata nei confronti degli altri per voler dimostrare di essere unico e inconfondibile:

> "Siate creativi!", "Siate innovativi!", "Siate inconfondibili!" – Queste sono le richieste avanzate dalla cultura del lavoro post-burocratica al soggetto imprenditoriale; esse si concentrano soprattutto su una cosa: sulla concorrenza. E per riuscire in questo, dobbiamo essere pronti a riconoscere i confi-

---

44 C. Bähr, *Der flexible Mensch auf der Bühne: Sozialdramatik und Zeitdiagnose im Theater der Jahrtausendwende,* Transcript Verlag, Bielefeld, 2012, p. 152.
45 *Ibid.*
46 Ivi, p. 164.
47 Ivi, p. 176.
48 Ivi, p. 177.
49 Ivi, p. 180.

ni tra lavoro e vita, i confini tra lavoro e famiglia come flessibili e quindi come sempre rinegoziabili.[50]

Questo incitamento a essere unici e inconfondibili da parte della società in tutti i settori, non solo nel mondo del lavoro, ma anche nei *social media*, se ci pensiamo bene, porta sì alla concorrenza, ma anche a qualcosa di più grave: alla mancanza di rispetto nei confronti degli altri e alla svalutazione di ogni essere umano, che è in qualsiasi caso unico e inconfondibile, indipendentemente dal suo lavoro o da quanto guadagna, proprio perché è un essere umano, una vita.

Tutto questo discorso ci porta inevitabilmente ad altre due tematiche centrali di *Il Regno degli animali,* strettamente collegabili all'atmosfera generale dell'opera, cioè quella di un mondo capitalistico che sfrutta e non riconosce gli esseri umani in quanto individui: da un lato la perdita d'identità e dall'altro l'egoismo e il conseguente voler prevalere sugli altri, mostrando la propria supremazia. Con ciò viene sancita anche la distruzione del concetto di comunità e di appartenenza.

La perdita d'identità come individui è tematizzata in molte scene dell'opera: gli attori si lamentano di non venir più riconosciuti nemmeno dagli impiegati che lavorano nell'amministrazione o in altre mansioni nel teatro.

Già all'inizio dell'opera si fa cenno all'esaurimento della facoltà decisionale degli individui. Infatti, i singoli personaggi rappresentano più ruoli, non essendo in possesso di una specifica identità. Il personaggio di Peter è sia PETER nella vita che IL LEONE sul palco e, in seguito, anche L'UOVO AL TEGAME. Più gli attori sprofondano nei propri costumi, più i loro ruoli perdono senso e autonomia. Si ha un crescente assottigliarsi del dialogo tra i vari personaggi a favore della narrazione di una specifica storia, quella della lotta tra la zebra e il leone. Quando poi, alla fine, gli attori sono obbligati a rappresentare degli oggetti, il testo che devono interpretare anticipa già i movimenti degli attori e quindi, in questo modo, non solo essi perdono la loro autonomia nel parlare, ma anche ogni possibilità di muoversi e agire liberamente. Dato che ormai c'è incomunicabilità tra gli attori e il loro datore di lavoro, anche i loro ruoli offrono meno spazio per uno sviluppo artistico e personale.

Il tema dell'egoismo, del voler prevalere sugli altri secondo meccanismi di potere, si trova sdoppiato e amplificato grazie alla metafora metateatrale. Il gioco del "teatro nel teatro" mette in stretta relazione il mondo teatrale con quello reale e questa corrispondenza biunivoca del teatro con la nostra vita, che per Schimmelpfennig è fondamentale, pone la società in cui

---

50   Ivi, p. 185.

viviamo sotto la lente del microscopio e ci permette soprattutto di vederla sotto una nuova prospettiva critica.

La storia del conflitto tra la zebra e il leone rispecchia ad esempio il conflitto tra Frankie e Peter e anche il modo di rapportarsi con gli altri nel mondo del lavoro e nella nostra società in generale. Questa relazione tra le due storie è messa bene in luce dall'autore anche grazie all'utilizzo di scene parallele e di termini scelti *ad hoc*. Ne abbiamo un chiaro esempio nel primo atto nella scena 4.1., che si svolge in modo parallelo alla scena 13.: in essa, le affermazioni di Frankie «Senza di me saresti annegato [...] Senza di me saresti già da molto tempo bruciato – »[51] si trovano quasi esattamente riprodotte nella frase pronunciata dalla zebra «Senza di me saresti annegato, bruciato, risponde la zebra».[52] La storia della zebra e del leone non è una semplice favola o parabola, ma a ben vedere "una storia che va in un certo senso alle origini della storia" e che rovescia la nostra comune credenza sul mondo animale. Il leone è sempre stato considerato il re degli animali. Gli stessi zoologi lo considerano tale. Alfred Edmund Brehm afferma che

> basta uno sguardo al corpo del leone e all'espressione del suo sembiante per farci accettare di tutto cuore il motto antichissimo con cui tutti i popoli che conobbero il leone lo dichiararono il re degli animali. Il LEONE è il re di tutti i quadrupedi carnivori e tiene indubbiamente il primo posto fra i mammiferi.[53]

Questa convinzione, che viene da tempi antichissimi, si è insinuata anche nella memoria popolare e nei proverbi. Non di rado, se una persona si dimostra coraggiosa e quasi spavalda, gli viene chiesto in modo implicitamente ironico se abbia mangiato fegato di leone, come ad indicare che il leone è un animale estremamente coraggioso. A pensarci bene, però, e usando la logica, appare in realtà quasi impossibile affermare che il leone possa essere il re degli animali ed essere considerato come un animale coraggioso, giusto e generoso. Le affermazioni e la domanda ironica rivolte al leone e pronunciate dalla zebra sono illuminanti e sembrano non lasciare spazio a repliche:

> Spesso però ti nascondi nell'erba alta. Spesso strisci rannicchiato in avanti controvento, spesso cerchi la protezione della notte, e poi vai a caccia, e poi sei alla ricerca di carne, e solo l'animale che si accorge di te con sufficiente anticipo e che può scappare, è al sicuro da te, sennò lo uccidi con un morso alla nuca

---

51 Cfr. *supra*, p. 31.
52 Cfr. *supra*, p. 49.
53 A.E. Brehm, *La vita degli animali* (vol. I: *Mammiferi*), tr. it. di M. Lessona, UTET, Torino, 1893, p. 449.

e lo sbudelli. Come puoi pensare di diventare il re degli animali, se tu nel tuo stesso regno sei il predatore dei tuoi stessi sudditi?[54]

Roland Schimmelpfennig gioca nella sua storia proprio su questa nostra convinzione comune e la ribalta, affermando che, in realtà, prima del leone era la zebra il re nel regno degli animali e che il leone è diventato re solo dopo aver eliminato la zebra, mandando in questo modo il regno in rovina. La storia ideata dall'autore mette in luce in maniera lampante l'egoismo del leone, che pensa solo a sé stesso e a prevalere sugli altri, e vi contrappone il carattere mansueto e onesto della zebra, che pensa a tutta la comunità. Inoltre, grazie a questa parabola animalesca, l'autore evidenzia i rapporti esistenti tra i vari personaggi, problematizzando anche il nostro concetto di comunità e di governo.

Gli animali sono comunque molto importanti nell'opera centrale della *Trilogia* e come afferma lo stesso autore «devono essere presi sul serio».[55] Infatti, ogni animale presenta delle caratteristiche ben precise, che si associano ai personaggi e li qualificano.

Iniziamo a parlare dei tre personaggi minori della storia: Dirk (Il marabù), Isabel (La genetta) e Sandra (L'orice).

Dirk rappresenta il marabù, un uccello di grandi dimensioni, molto prudente e calmo, che nonostante la sua mole, sembra muoversi insicuro sulle proprie zampe e essere spaventato da qualsiasi situazione.

Ecco cosa scrive Brehm al proposito:

---

54 Cfr. *supra*, p. 37.
55 R. Schimmelpfennig, *Trilogie der Tiere*, cit., p. 236.

A.E. Brehm, *La vita degli animali* (vol. VI: *Uccelli*), tr. it. di M. Lessona, UTET, Torino, 1900, p. 553.

Questo uccello non si distingue soltanto per la sua mole assai considerevole, ma anche per la singolarità del suo portamento, che, nei giardini zoologici, gli procaccia parecchi soprannomi, come per esempio quello di "consigliere segreto"; infatti, dice con ragione il Vierthaler, esso ricorda assai un cortigiano incurvato dai servigi prestati per lunghi anni, vestito di un abito azzurro-nero e di stretti calzoni bianchi, con una parrucca di color rosso-vivo, che aspetti timidamente un grazioso comando dal suo severo padrone [...]. Tutti i movimenti di quest'uccello sono calmi e compassati; si direbbero che misuri ogni suo passo e perfino ogni suo sguardo. Allorché si crede inseguito, calcola coll'occhio la distanza che lo separa dal nemico e regola in conseguenza i suoi passi, camminando più o meno in fretta secondo i casi e fermandosi all'occorrenza per qualche istante, se il cacciatore si ferma.[56]

Ebbene, effettivamente anche Dirk, nella storia sembra avere il ruolo di un cortigiano supino nei confronti della situazione in cui vive e lavora. Non si ribella e sembra quasi essersi adattato e rassegnato a questa situazione degradante. Le sue parole sono emblematiche: «toast, genetta, marabù – è indifferente –».[57] Inoltre, nei confronti di Peter il leone si com-

---

56 A.E. Brehm, *La vita degli animali* (vol VI: *Uccelli*), tr. it. di M. Lessona, UTET, Torino, 1900, p. 552.
57 Cfr. *supra*, p. 29.

porta come un animale sottomesso e spaventato, che misura ogni suo passo e ogni suo sguardo. Proprio alla fine dell'opera, quando in un certo senso sembra aver trovato una soluzione e una persona interessata a mettere in scena la storia ideata da loro, per non fare infuriare il leone decide di sottomettersi ancora una volta alla sua volontà, condannando anche gli altri alla rovina.

Un altro animale del tutto sottomesso e veloce nel muoversi così come nell'adattarsi, che vediamo nell'immagine, è la genetta. Brehm rileva proprio questa capacità di adattamento, l'indole buona e mite e la facilità con cui questo animale si lascia addomesticare:

A.E. Brehm, *La vita degli animali* (vol. VI: *Uccelli*), tr. it. di M. Lessona, UTET, Torino, 1900, p. 553.

> I movimenti della genetta sono agili, svelti, eleganti e graziosi […]. Pare che il corpo di questo animale sia fornito di mille articolazioni […]. La genetta è pure ottima arrampicatrice, e si comporta benissimo anche nell'acqua […]. La genetta si addomestica con molta facilità, perché ha un'indole buona e mite […]. Le genette si addomesticano con una facilità straordinaria, imparano a conoscere il loro nome; seguono i loro guardiani anche di giorno, come fanno i cani, e procurano molto piacere ai loro proprietari.[58]

Anche Isabel, come Dirk, sembra essere completamente rassegnata e sottomessa alla situazione. Sebbene rimpianga sempre le occasioni perdute e la mancata possibilità di mettere in scena il *Paradiso perduto* di Milton, non si ribella alla situazione e non cerca nemmeno di cambiarla, così come non cerca di curare la sua ferita al piede. Le scene 7. e 10. del

---

58   A.E. Brehm, *La vita degli animali* (vol. I: *Mammiferi*), cit., p. 581.

primo atto sono, a mio parere, emblematiche del rapporto di sottomissione e impotenza che questi due personaggi intrattengono con la realtà e anche della loro incapacità di confrontarsi con il proprio passato, presente e futuro. Nella settima scena troviamo Isabel con una ferita al piede che, inizialmente, non riesce a vedere bene da sola. Dirk la aiuta e, notando che l'unghia del suo piede si sta ormai per staccare, gliela toglie. A questo punto Isabel, invece di lasciar rimarginare la ferita e di far crescere una nuova unghia, la rimette al suo posto, lasciando che la situazione rimanga tale e quale e ignorando la necessità di una guarigione della ferita o di risoluzione della situazione. Invece, nella decima scena, Dirk fa vedere a Sandra un vero e proprio buco che si è formato nella pelle sopra la nuca e che è stato provocato dal continuo attaccare e togliere le piume del suo costume. Anche Dirk, nonostante ne conosca benissimo le cause, non cerca una soluzione alternativa, ma continua come aveva fatto anche prima ad attaccare e a togliere le piume del suo costume.

Considerando che uno dei temi fondamentali del teatro di Schimmelpfennig consiste nel confronto con il passato personale e storico tedesco, queste due scene potrebbero essere associate a una critica dell'autore al modo in cui il popolo tedesco sì è comportato e si comporta nei confronti del proprio passato storico, e quindi del proprio presente e futuro. In un caso, il non riuscire a vedere le ferite e poi il successivo riuscire a vederle, ma il decidere di non curarle e di perciò di occultarle, e in un altro caso il vedere chiaramente «un vero e proprio buco nella pelle»,[59] ma consapevolmente non volervi rimediare, è un chiaro riferimento al non voler affrontare il proprio passato, rifiutando perciò anche il cambiamento del proprio presente e del futuro.

Torniamo invece ora a parlare degli animali. Nel caso dell'orice e di Sandra ci troviamo di fronte a un animale con un portamento maestoso, che non è completamente sottomesso e che si dimostra comunque coraggioso e impavido, anche se è possibile comunque addomesticarlo:

---

59   Cfr. *supra*, p. 47.

A.E. Brehm, *La vita degli animali* (vol. III: *Mammiferi*), tr. it. di M. Lessona, UTET, Torino, 1900, p. 407.

È feroce e crudele per natura, non ha paura di nulla, infatti non teme il latrato dei cani, il grugnito del cinghiale, il ruggito del toro e del leone né il lugubre grido della pantera. Non si lascia neppure spaventare dall'uomo e spesso uccide i cacciatori più arditi i quali faticano molto per soggiogarlo [...] Si adattano facilmente alla schiavitù, imparano a conoscere il loro custode e si avvezzano a tollerarne la presenza; ma non sarebbe prudente trattarli con troppa famigliarità, perché talvolta, anche scherzando, salta loro il grillo di adoperare le corna in un modo assai pericoloso.[60]

Sandra, tra i personaggi minori, è probabilmente la figura più positiva, giacché dimostra una maggiore avversione e spirito di ribellione nei confronti della situazione e anche di Peter, che è anche il padre di suo figlio. La donna ha deciso di dichiarare morto il compagno una volta constatata la sua mancata assunzione di responsabilità nei confronti del figlio. Nonostante i tenaci attacchi nei confronti di Peter e della situazione, si adatta, però, facilmente alla schiavitù e anche alla logica del mercato e del lavoro, al quale sembra essere molto attaccata. Infatti, a soli dieci mesi dalla gravidanza, ha deciso di lasciare il bambino e di ritornare al lavoro, nella vana speranza di venir riconosciuta dagli altri lavoratori o almeno da Peter. Costui sembra, però, dar importanza solo al fondoschiena della donna, concependola come semplice oggetto. Alla fine, sia che le sue scelte dipendano dal dover mante-

---

60 A.E. Brehm, *La vita degli animali* (vol. III: *Mammiferi*), tr. it. di M. Lessona, UTET, Torino 1900, pp. 402-407.

nere il proprio figlio, sia che, come suggerisce Isabel, rinunci a tenerlo con sé, accetta supinamente come tutti gli altri di rappresentare degli oggetti.

Parlando invece ora degli animali principali e dei due protagonisti, ci troviamo di fronte a due tipologie di animali e di persone completamente diverse.

A.E. Brehm, *La vita degli animali* (vol. I: *Mammiferi*), tr. it. di M. Lessona, UTET, Torino, 1893, p. 450.

Il leone, come accennato, è stato considerato fin dai tempi più antichi il re degli animali; guardando l'immagine posta accanto alla descrizione che lo riguarda, possiamo anche intuire perché Brehm affermi che l'aspetto del leone esprime chiaramente la forza, la coscienza del proprio valore, il coraggio ardito e sicuro e la certezza della vittoria nella lotta. In esso tutto quanto dà prova di un alto sentire; ogni movimento appare maestoso e misurato; il corpo e l'intelletto sono sempre in accordo perfetto.[61]

È certo, però, che questo animale si distingue anche per altre caratteristiche, come, per esempio, la vita solitaria, la pigrizia, l'avidità e l'aggressività, che è proprio lo stesso Brehm a mettere in luce successivamente, descrivendone i comportamenti:

> Il leone mena vita isolata e si riunisce alla sua femmina soltanto nel periodo degli amori [...]. Sceglie il suo giaciglio in un affossamento piano collocato nei luoghi più riparati [...]. Il leone è più pigro di tutti gli altri membri che appartengono alla sua famiglia; non ha nessuna preferenza per le grandiose e ardite rapine, anzi cerca il suo comodo nel miglior modo possibile [...]. Quest'ultimo, in generale, mangia la preda che ha ucciso da sé, ma preferisce quella lasciata appositamente per lui dal cacciatore; in certe circostanze speciali non disdegna neppure i cadaveri [...]. Il re non tollera sempre la presenza di altri

---

61   A.E. Brehm, *La vita degli animali* (vol. I: *Mammiferi*), cit., p. 450.

commensali, per modo che spesso avvengono delle scaramucce abbastanza serie, e talora anche sanguinose.[62]

Inoltre, Brehm insiste sul fatto che i leoni cacciano prevalentemente di notte e che di giorno hanno essenzialmente un aspetto timido e pauroso:

Il leone non si avvicina mai ai villaggi prima della terza ora di notte [...]. Parecchi altri viaggiatori raccontano che spesso il leone procede strisciando silenziosamente, come fanno i ladri nell'oscurità della notte [...]. Nessuno descrisse finora con maggiore efficacia del Selous il leone dell'Africa meridionale. Mi parve sempre che l'epiteto di maestoso non fosse appunto appropriato al leone selvatico, perché, di giorno, questo animale ha sempre un aspetto incerto e timido a cui non si può applicare in nessun modo l'idea di una qualunque maestà. Per essere maestoso dovrebbe almeno portare la testa alta, ciò che fa di rado. Mentre cammina, la tiene assai più bassa della sua linea dorsale e la solleva soltanto per guardare una o due volte l'uomo che incontra sulla sua strada.[63]

Ecco, quindi, sfatato il mito di un animale assolutamente coraggioso, generoso e attento ai bisogni della comunità. Il leone si presenta certamente come un animale dall'aspetto maestoso e forte, ma anche come un animale egoista, che non conduce una vita sociale e che è pigro. Così anche Peter, per i suoi atteggiamenti e per il suo aspetto ci può sembrare come l'unico dei personaggi che dimostra una certa forza e reazione, ma in realtà la sua forza non è nient'altro che aggressività, egoismo e volontà di dimostrare la propria superiorità nei confronti di Frankie e degli altri. Alla fine, piuttosto che chiamare Frankie, che era l'ultima àncora di salvezza per mettere in scena la storia ideata dalla compagnia, per assecondare l'egoistico culto del proprio io, decide di sottomettersi alla nuova situazione: da quello di leone, passa a interpretare il ruolo dell'uovo al tegame, perdendo così ogni dignità, ma non la propria posizione di capo supremo. Peter non pensa assolutamente al bene dei propri compagni e sicuramente non dimostra mai coraggio, bensì, come il leone, decide di assoggettarsi alla situazione, facendo pagare le conseguenze del proprio gesto e del suo smisurato ego anche agli altri membri del gruppo. Accetta quasi di buon grado il suo nuovo ruolo di uovo al tegame, perché per lui ciò che conta è aver dimostrato di essere il capo e di aver in qualche modo eliminato Frankie.

---

62   Ivi, pp. 456-463.
63   Ibid.

La zebra è considerata al pari del leone come un animale maestoso che, però, al contrario, conduce una vita sociale e sta sempre in gruppo. Inoltre, è definito come un animale valoroso, coraggioso, amante della libertà, ma non indomabile. Brehm scrive che può essere forse soggiogato solo dal leone:

A.E. Brehm, *La vita degli animali* (vol. III: *Mammiferi*), tr. it. di M. Lessona, UTET, Torino, 1900, p. 93.

I cavalli tigrini menano vita sociale. In generale si riuniscono in branchi composti di 10-30 individui [...]. Tutti i cavalli tigrini sono animali velocissimi, vigilanti e timidi [...]. È difficile immaginare un essere più bello di questo agile, robusto e selvaggio figlio della steppa, dotato di un mantello splendidamente striato, e nessuno può farsi un'idea dell'impressione prodotta dalla vista di questi vivacissimi animali selvatici, i quali, consci della loro illimitata libertà, battono il suolo coi piedi oppure corrono pazzamente uno dietro l'altro dinanzi al viaggiatore che li insegue a cavallo [...]. L'infinito amore della libertà, l'innata selvatichezza, la malizia ed il coraggio sono comuni a tutti. Essi combattono valorosamente con morsi e calci contro le belve che li aggrediscono [...]. Gli ippotigri furono considerati erroneamente come animali indomabili.[64]

La zebra è presentata nell'opera come un animale ragionevole, attento nei confronti del gruppo e coraggioso, in grado di tenere testa al suo rivale, il leone, ma senza usare i mezzi spudorati e comodi che lui usa, come la corruzione, che è, secondo me, anche una metafora della pigrizia del leone e di chiunque cerchi di impossessarsi in maniera illecita del potere, senza combattere con vero coraggio. Anche agli spettatori, Frankie può dare

---

64 A.E. Brehm, *La vita degli animali* (vol. III: *Mammiferi*), cit., pp. 94-97.

l'impressione di un personaggio indomabile e coraggioso. Infatti, non è così egoista come Peter, che ha permesso il suo inserimento quattro anni prima nella compagnia e che non è nemmeno aggressivo quanto lui. Tuttavia, cerca di non farsi sottomettere dal suo rivale e di fargli capire che entrambi dipendono comunque l'uno dall'altro, ammettendo anche che l'idea della nuova storia da rappresentare era stata frutto di una comune collaborazione. Frankie cerca inizialmente di trovare una soluzione per la tutta la compagnia rivolgendosi anche a un drammaturgo, Chris. Alla fine, con la prospettiva di poter aver più successo e soldi, si sottomette a sua volta alla legge del mercato e pensando alla propria fama e al guadagno e seguendo il suo spirito libero, va in America, abbandonando gli altri. Non sapremo mai se Peter abbia deciso di chiamare Frankie, se la zebra abbia dato la propria disponibilità a tornare indietro nel branco, dimostrando così indole buona e attenzione nei confronti degli altri membri del gruppo.

La storia degli animali mette in luce anche la logica dei meccanismi di potere, nei quali a un certo punto entra in gioco la corruzione come tema di forte attualità. Infatti, a seguito dell'incendio nella steppa e della situazione di emergenza, i due animali si trovano di fronte a un bivio: essere solidali o ignorare l'uno la sorte dell'altro. I due sono riusciti a salvarsi, l'uno dal venir bruciato o morire annegato e l'altro dal venir divorato dal coccodrillo. Solo grazie al loro aiuto reciproco sono quindi arrivati a un momento di stallo, nel quale nessuno dei due contendenti sembra prevalere sull'altro. Il leone vuole però a tutti i costi diventare il re degli animali e per raggiungere il suo scopo decide di utilizzare la corruzione. Nella notte si aggira sussurrando nelle orecchie degli altri animali promesse di potere e di futuri vantaggiosi incarichi all'interno del suo governo. La mattina seguente gli animali, ormai condizionati da questa promessa di potere, decidono che il leone diventi il loro nuovo re. Il leone, però, non si accontenta della posizione raggiunta e decide di uccidere la zebra. In un inseguimento che li porta sempre più lontani dalla comunità, i due si ritrovano in cima a una montagna nel bel mezzo di una tormenta di neve e la zebra cade in un dirupo. Il leone sembra così aver vinto, ma in realtà si sente continuamente inseguito dall'ombra della zebra, dalla colpa, dal rimorso, cosicché un regno degli animali senza un re in grado di gestirlo è condannato alla rovina.

Alla fine della parabola animalesca, che coincide con la fine dell'opera, ci troviamo di fronte a una semplicissima, così come antichissima, conclusione: se si elimina l'altro, cercando il conflitto e volendo a tutti i costi affermare il proprio ego, si è destinati al fallimento e alla morte.

Il riconoscimento, secondo Hegel, è antropogenetico, ossia è ciò che definisce l'uomo come tale e che lo destina a svanire, a morire. In mancanza di un sostituto e non coltivando il principio della comunità, che si basa sull'aiuto reciproco tra i propri membri e sulla fiducia nei confronti degli altri, ma soprattutto in mancanza della capacità di deliberare insieme su ciò che è giusto e ciò che è ingiusto, che Aristotele considera la caratteristica che distingue gli uomini dagli animali e che rende l'uomo un animale politico, ci troviamo di fronte a degli esseri umani che hanno perso la loro umanità e si riducono a dei semplici oggetti. La storia degli animali finisce con l'affermazione della genetta:

> Il regno degli animali cambiò dopo la scomparsa della zebra, si disintegrò. Aveva un sovrano, ma questo sovrano non regnava. Era inseguito da un'ombra che non lo lasciava più libero. E così da allora in poi regnarono nel regno degli animali l'insensatezza e la sete di sangue.[65]

L'ultima scena dell'opera è l'emblema di questa insensatezza e sete di sangue. È proprio in questo momento che avviene il fluido passaggio dall'animale all'oggetto. L'accostamento del mondo degli animali al mondo degli oggetti è geniale. Gli attori sono ora costretti a interpretare degli oggetti e, nella storia che devono rappresentare, sembrano muoversi in modo insensato sul palco, senza riuscire a trovare il proprio posto, ma soprattutto senza riuscire a rapportarsi in modo rispettoso con gli altri oggetti. Gli oggetti si comportano come i personaggi e gli animali della storia, e purtroppo come vediamo e sentiamo nei telegiornali e sui social media, come molte altre persone nel mondo reale. La tematica della violenza, della perdita di umanità e della trasformazione degli esseri umani in esseri passivi e privi di emozioni è amplificata dall'accostamento dell'uomo con l'animale e infine con l'oggetto. Il conflitto è paradossalmente dislocato nel mondo inanimato degli oggetti, che diventano a loro volta soggetti incapaci però di agire autonomamente e che sembrano essere ricaduti nel celebre stato di minorità formulato da Immanuel Kant.

Gli oggetti che utilizziamo e dai quali siamo circondati ogni giorno sono essenzialmente beni di consumo, merci che proliferano in maniera smisurata, elementi che non hanno nessun valore emotivo e affettivo, ma soprattutto che esistono e che sembrano avere diritto a esistere solo perché svolgono una determinata funzione utile per noi. Quest'ultima caratteristica degli oggetti ci può far pensare anche ai personaggi dell'opera, che sem-

---

65 Cfr. *supra*, p. 87.

brano esistere ed essere riconosciuti solo per la funzione e per il ruolo che svolgono. Mario Bortolotto fa un'importante affermazione a proposito degli oggetti che ci circondano oggi e del loro rapporto con le persone:

> Sotto forma di oggetti tecnologici, di beni di consumo, di effetti personali, di arredi ed elementi della casa, della strada e della città, oppure nella veste più ambigua di oggetti artistici o di presenze marginali e desuete, proliferano a dismisura in ogni parte della nostra società. Prodotti, scambiati, consumati in misura sempre più crescente e con un'estensione globale senza precedenti, gli oggetti diventano parte integrante dell'identità degli individui e delle comunità.[66]

Se gli oggetti non hanno ormai nessuna dignità e sono considerati semplicemente come beni di consumo e soprattutto determinano l'identità degli individui, anche le persone si riducono allo stato di oggetti e di merci. Ci troviamo in una società caratterizzata dal consumismo, dall'ossessivo ed eccessivo accumulo di oggetti ora utilizzati, poi successivamente eliminati in modo scriteriato. La nostra società sembra essere giunta a una preoccupante regressione a stadi primitivi:

> Dato che gli oggetti partecipano direttamente alla costruzione dell'individualità, tale regressione sembra contribuire a una grave perdita di autenticità delle persone, presentate nelle odierne società affluenti come incapaci di andare al di là del proprio desiderio di inglobare il mondo degli oggetti (un atteggiamento non sempre indice di passività, ma spesso di intima adesione al funzionamento di un sistema economico basato sulla necessità di consumare). Si estinguerebbe, in tal modo, l'impulso degli individui a educarsi al meglio.[67]

Il desiderio di acquisire incontrollatamente degli oggetti e la propensione a sottomettersi a un mondo basato sulla necessità di consumare conducono inevitabilmente alla svalutazione della dignità dell'individuo, nonché a una sorta di "autoconsumo" e "consumo" dell'identità e della dignità altrui. Il passaggio successivo e ultimo, così come avviene nell'opera, è quello della reificazione del soggetto e della sua successiva (auto) oggettivazione sessuale. Il concetto della reificazione del soggetto è stato sviluppato e approfondito dal filosofo ungherese György Lukács nel suo libro pubblicato nel 1923 *Geschichte und Klassenbewusstsein* (*Storia e coscienza di classe*).[68] Il filosofo riprende la dottrina di Karl Marx, secondo la quale il lavoro umano

---

66 M. Bortolotto, *L'esperienza delle cose*, Marietti, Genova, 1992, p. 7.
67 R. Bodei, *La vita delle cose*, Laterza, Bari, 2009, p. 64.
68 H. Böhme, *Fetischismus und Kultur: Eine andere Theorie der Moderne*, Rowohlt, Reinbek 2006, pp. 330-331.

è ridotto a merce e i rapporti sociali di conseguenza si configurano come rapporti tra cose. Lukács approfondisce e amplifica questa dottrina, affermando che nel tardo capitalismo gli oggetti stanno assumendo sempre più sembianze quasi-umane. Infatti, se ci pensiamo bene, ogni merce in quanto rappresentante di una marca, ha un proprio volto e questa antropomorfizzazione mira a instaurare con l'oggetto dei rapporti quasi-personali su base fiduciaria. L'effetto successivo è quello della crescente trasformazione dell'oggetto in soggetto e viceversa del soggetto in oggetto:

> Più la merce viene mistificata con successo allo stato di quasi-persona, più la persona viceversa si trasforma in oggetto.[69]

Il soggetto ormai diventato oggetto per sopravvivere nella società capitalistica è obbligato a sottomettersi alla logica del consumo. In questo modo il soggetto acquisisce anche una coscienza reificata:

> Ci si trova in una relazione apparentemente immediata con le merci, che hanno assunto un'autorevolezza identitaria (sebbene siano cose morte); viceversa, rispetto ai rapporti con gli uomini, che hanno assunto la natura di uno scambio di merci, non si prova più nulla, come se si trattasse di cose morte (per quanto si tratti di esseri viventi).[70]

Dal momento che la società è stata investita dal capitalismo e che le interazioni sociali sono ormai ridotte a scambi tra merci, nell'ambito dei quali l'altro non viene considerato come persona, ma viene oggettivato, vi è una tendenza generale alla reificazione che porta a considerare sé stessi e gli altri come "cose" da poter utilizzare e sfruttare, per poterne ricavare un possibile profitto. I soggetti diventano sempre più oggetti e proprio per questo tendono a considerare anche gli altri come oggetti.

Quindi la reificazione si declina in termini più specifici anche in un'oggettivazione sessuale e in una forma di feticismo sessuale, spesso legati alle disuguaglianze di genere: in questo contesto la donna si trova perlopiù in una posizione sociale sfavorevole. Il concetto di oggettivazione è passato dall'ambito filosofico-economico a quello della psicologia con Alfred Binet e della psicanalisi con Sigmund Freud, per giungere infine al movimento femminista. Proprio due rappresentanti del movimento femminista ci danno due definizioni molto efficaci dell'oggettivazione, in particolar modo di quella sessuale, che può funzionare anche in termini più generali.

---

69 Ivi, p. 335.
70 Ivi, p. 336.

Sandra Bartky, una filosofa femminista americana, nel testo *Femininity and domination. Studies in the phenomenology of oppression* (1990), descrive l'oggettivazione come

> [la situazione] in cui le parti sessuali del corpo di una persona o le sue funzioni sessuali sono artificialmente separate dal resto della persona, ridotte allo status di mero strumento e considerate come in grado di rappresentarla e descriverla nella sua interezza.[71]

Questa riduzione del corpo o parte del corpo di una persona a mero strumento, come se fosse in grado di rappresentarlo nella sua interezza, è evidente nell'opera di Schimmelpfennig nel modo in cui Peter tratta le donne e in particolare nella quinta scena del primo atto in cui Sandra è riconosciuta solo grazie al suo fondoschiena. Questa scena evidenzia la correlazione esistente tra oggettivazione sessuale e disuguaglianze di genere. La donna svolge purtroppo ancora un ruolo sociale subalterno ed è perciò facile bersaglio dell'oggettivazione sessuale in una società ancora estremamente maschilista.

Martha Nussbaum nel 1995, con la pubblicazione del saggio *Objectification*, dà una definizione ancor più precisa del concetto di oggettivazione, declinandola in sette dimensioni:

> Oggettivare comporta il *trattare* l'altro: 1) come uno strumento per il raggiungimento dei propri fini (*strumentalità*); 2) come se non avesse autonomia e capacità di autodeterminazione (*negazione dell'autonomia*); 3) come privo di agentività (*inerzia*); 4) come se fosse interscambiabile con oggetti dello stesso tipo o con altri oggetti (*fungibilità*); 5) come se fosse privo di confini e di integrità, quindi come qualcosa che può essere fatto a pezzi (*violabilità*); 6) come se fosse una proprietà e quindi passibile di essere comprato, venduto, etc. (*proprietà*); 7) come se fosse privo di sentimenti ed esperienze sue proprie (*negazione della soggettività*).[72]

Possiamo ritrovare tutte queste sette dimensioni nell'opera di Schimmelpfennig nel modo in cui Peter tratta gli altri e anche le donne e, in un'ottica più generale, nel modo in cui il mondo capitalistico del lavoro tratta gli attori. I personaggi sono percepiti come oggetti, entità prive di autonomia, inerti, interscambiabili, violabili, privi di una soggettività e come se fossero una proprietà. Non ci troviamo mai di fronte a delle interazioni sociali

---

71 M.G. Pacilli, *Quando le persone diventano cose. Corpo e genere come uniche dimensioni di umanità*, Il Mulino, Bologna, 2014, p. 17.
72 Ivi, pp. 17-18.

autentiche, ma solo alla volontà di affermarsi a tutti i costi e quindi a dei rapporti di violenza e di sopraffazione rispetto alla coscienza altrui. Ogni personaggio pensa al proprio interesse e considerando gli altri come oggetti, è già fin dall'inizio un oggetto e indossa una maschera impossibile da togliere. L'ultima scena è proprio una sorta di *tableau vivant*, che esemplifica i rapporti sociali di violenza e oggettivazione, anche sessuale, tipici purtroppo della nostra epoca.

Alla fine della storia ci troviamo di fronte a una crescente (auto)oggettivazione del soggetto e a una forte crisi del principio di solidarietà in quanto primo gradino di una forma di società organizzata e di civiltà. Senza la solidarietà, la comunità è esposta ai soprusi del più forte e a una forma di suicidio collettivo. Forse, questa storia apparentemente insensata non è semplice espressione di una critica al mondo del teatro e della cultura, ma è qualcosa di più. È una critica alla nostra società in generale, soggiogata e sottomessa al capitalismo, refrattaria a costruire una comunità che si basi sul rispetto e sul pacifismo. L'opzione suggerita dall'autore è quella di ricominciare a dire NO e a dire SÌ, perché NO è la parola che mette fine a qualcosa, alla negazione della nostra libertà e alla violenza e SÌ è la parola dell'amore, del rispetto, del mettersi in gioco per gli altri.

Elena Agazzi

TRA POSTMODERNISMO E NUOVA DRAMMATURGIA

L'«eclettismo formale»[1] di Roland Schimmelpfennig

Sembra importante mettere in rilievo un dato, nel panorama delle attuali pubblicazioni italiane sul teatro: nel settembre del 2017 è apparsa la traduzione dell'opera di Hans-Thies Lehmann, curata da Sonia Antinori con una postfazione di Gerardo Guccini, che viene considerata la "bibbia" del teatro post-drammatico, ovvero *Postdramatisches Theater*, pubblicato nell'edizione originale tedesca nel 1999.[2] Lo scarto temporale tra l'uscita del testo originale e la sua traduzione indica come esso sia storicamente e problematicamente ancorato in Germania alla *Wende-Zeit*, ovvero alla fase succeduta alla caduta del Muro di Berlino, in cui si è avviata un'intensa sperimentazione su nuovi generi della scrittura e della drammaturgia. Non a caso, la critica ha cercato di istituire, ancora, un legame tra la *Pop-Literatur* della metà degli anni '90 e il *Postdramatisches Theater*, in cui si evidenzia la ricercata assenza del plot narrativo e di un testo di riferimento.[3] Bisogna tuttavia considerare che l'opera di Lehmann rappresenta soprattutto un bilancio dei risultati drammaturgici degli anni Settanta e Ottanta e che è perciò lecito dire che nel momento stesso in cui Lehmann tirava le fila del discorso sull'epoca d'oro del teatro post-dram-

---

1 La definizione di "eclettismo formale" è suggerita dal saggio di M. Castellari, *Visita al padre e il teatro di Roland Schimmelpfennig* (2014), in cui il germanista analizza tutte e tre le parti della *Trilogie der Tiere* [URL: http://www.germanistica.net/2014/02/04/roland-schimmelpfennig-a-milano-2/ (ultima consultazione 1 ottobre 2017)].

2 H.-Th. Lehmann, *Postdramatisches Theater*, Verlag der Autoren, Frankfurt am Main, 1999, tr. it. di S. Antinori, con una postfazione di G. Guccini, CUE Press, Imola (BO), 2017. Per altre letture sul teatro tedesco degli anni Novanta, cfr. tra l'altro: G. Poschmann, *Der nicht mehr dramatische Theatertext. Theaterstücke und ihre dramaturgische Analyse*, Niemeyer, Tübingen, 1997 ed E. Fischer-Lichte, D. Kolesch, C. Weiler (Hrsg.), *Transformationen. Theater der neunziger Jahre*, Theater der Zeit, Berlin, 1999.

3 M. Gamper, *Phänomen "Masse" und Medium "Literatur". Eine Konstellation bei Goetz, Jelinek und Schleef*, in C. Caduff, U. Vedder (Hrsg.), *Chiffre 2000 – Neue Paradigmen der Gegenwartsliteratur*, Fink, München, 2005, pp. 123-139, qui p. 131.

matico, si mostrano all'orizzonte già gli ultimi bagliori di questa sperimentazione scenico-espressiva.

Sicuramente, tra i tratti distintivi che definivano questa forma di riflessione intorno a nuovi paesaggi e linguaggi dello spettacolo dal vivo, si trovava un voluto allontanamento dal "teatro della parola" (*Sprechtheater*), in cui dominava il dialogo come medium della relazione tra i personaggi in scena; poi, evidenti elementi del postmodernismo e del post-strutturalismo (dai quali trapelavano le riflessioni di Foucault, Lacan, Derrida e Deleuze), l'esibizione di "stati di coscienza" legati a un sistema segnico che si produce nell'azione stessa, ma soprattutto la rinuncia a un palinsesto, come si è detto, e a una concatenazione di "significanti" che guidasse l'azione. L'effetto cercato era quello della alienante separazione tra la comunicazione tra le figure recitanti, che insistevano sulla performatività gestuale e fisica, e l'identità dei soggetti stessi.

Maurizio Porro, in una breve presentazione dell'edizione italiana del *Postdramatisches Theater* di Lehmann, ha scritto lapidariamente che

> Lehmann, presidente della società brechtiana (autore su cui ha molto scritto), specialista del teatro antico, fa il punto [...] sull'evoluzione del concetto di estetica del teatro e sui diversi suoi strumenti sempre di meno appartenenti all'era classica.[4]

Schimmelpfennig, almeno per quanto riguarda la *Trilogie der Tiere*, non può essere ascritto a questa forma drammaturgica; infatti, come osserva Valentina Gianola, il drammaturgo presenta opere nelle quali si trovano «un filo logico e una connessione tra gli eventi e le storie che vengono messe in scena, seppure in alcuni casi le atmosfere che vengono a crearsi risultano sfiorare il mondo del Surrealismo».

La "mancanza di senso" di atti reiterati all'infinito, seppur combattuta nel tentativo di trovare una via d'uscita dall'avvilimento prodotto dalla vanificazione del proprio ruolo nella società e dal rischio di essere spinti ai margini del sistema economico, sottolinea la situazione disumanizzata in cui il soggetto si trova imprigionato e deve tuttavia agire.[5] La trasformazio-

---

4   M. Porro, *La bibbia del teatro che racconta il nostro tempo. Arriva in Italia il testo di Hans-Thies Lehmann sulle nuove forme di spettacolo*, 2017, URL: https://www.pressreader.com/italy/la-lettura/20170813/281663960111605 (ultima consultazione 1 ottobre 2017).

5   «La tecnica, spesso utilizzata da Schimmelpfennig, di inserire dentro alle battute dei personaggi veri e propri passaggi narrativi e descrittivi [...] si accompagna qui con convincente coerenza stilistica a una struttura di "teatro nel teatro": gli attori devono interpretare una favola nera, ambientata nel mondo animale, in contrappunto continuo alle loro vicissitudini personali e lavorative prima che, nel finale

ne degli animali antagonisti, interpretati dagli attori di una compagnia destinata a fallire, in oggetti solo funzionali all'immediato bisogno quotidiano, come l'uovo al tegamino, il toast, la bottiglia di ketchup *et cetera* non fa che renderne ancora più grottesca e inutile la partecipazione al grande disegno della vita. Lo stato di degrado in cui versa il sé umano, alienato nel nuovo ruolo, ricorda in qualche modo la metamorfosi del Professor Unrat di Heinrich Mann,[6] nell'omonima opera del 1905, che da meschino e spregevole insegnante scolastico diventa un pagliaccio, irretito dalla sensualità della cantante di cabaret Lola. Costei non tarda a tradirlo, una volta stabilito un solido legame con il professore; come si ricorderà bene – grazie all'efficace resa filmica dell'opera da parte del regista Josef von Sternberg con *Der blaue Engel* (1930) interpretato da Marlene Dietrich – l'uomo esprime alla fine tutto il proprio folle dolore mimando uno straziante canto del gallo, giacché si trova in uno stato di ormai totale alienazione.

I personaggi di Schimmelpfennig sono spesso «marionettizzati», per riprendere un'espressione di Gianola, e costretti ad assumere identità sempre diverse in un inesauribile processo mimetico e trasformativo. Ciò avviene anche in *Der goldene Drache* (*Il drago d'oro*, 2009), in cui il mondo degli animali interferisce con quello degli umani per mezzo di una parabola, in cui la comunità delle formiche pretende che il grillo (che nel tedesco è nome di sesso femminile: *die Grille*), si prostituisca per ottenere un po' di cibo e di ospitalità. Questa parabola è la cifra dell'esistenza della sorella del cinese su cui si concentra l'azione principale che, entrata a sua volta "clandestinamente" in Germania, è costretta a mercificare il proprio corpo e sprofonda sempre più nell'aberrazione di una vita mal spesa. L'atmosfera dell'"assurdo", che permea la *pièce*, viene risolta da un rapido avvicendarsi degli eventi in una dimensione che il pubblico percepisce come "caleidoscopica":

> In *Der goldene Drache* Schimmelpfennig applica la sua drammaturgia da short-cut al genere del dramma sociale, con il bell'effetto di recuperarlo dal suo angusto angoletto realista, senza però smussarne il carattere, nonostante i processi di straniamento ed astrazione.[7]

---

assieme minaccioso e grottesco, i pochi attori superstiti ai tagli della produzione non finiscano per abbassarsi a impersonare neppure più leoni, zebre & co. ma addirittura trivialissimi oggetti da cucina in uno spettacolaccio *kitsch* e in linea con i tempi»; M. Castellari, *Visita al padre e il teatro di Roland Schimmelpfennig*, cit.

6 H. Mann, *Professor Unrat oder Das Ende eines Tyrannen*, Fischer, Frankfurt am Main, 2015.

7 URL: http://www.goethe.de/kue/the/nds/nds/aut/smp/de7137126.htm (ultima consultazione 1 ottobre 2017). Si veda anche quello che dice Christine Bähr a proposito dell'interazione tra "fenomeni", "accelerazione", "simultaneità" e "sfondamento

Per "caleidoscopico" si intende qui concretamente che, dopo uno scioccante inizio in cui un cinese senza permesso di soggiorno ha un problema dentale, che viene risolto o, meglio, non risolto, con un intervento rudimentale nella cucina di un ristorante asiatico e, una volta morto dissanguato, viene poi fatto sparire (viene cioè rispedito idealmente al Paese di origine avvolto in un tappeto e consegnato alle acque di un fiume), altre storie si intrecciano a questa, alternandosi con ritmi incalzanti. Bastano cinque attori, a Schimmelpfennig, per interpretare venti personaggi, che hanno il difficile compito di farci comprendere cosa sia una società complessa in cui tutto si regge sull'ideologia del multitasking e del network della comunicazione a distanza.

Ciò che si evince dal titolo del contributo dedicato da Alexander Weber a *Der goldene Drache* di Schimmelpfennig nel volume *Realitätseffekte in der deutschsprachigen Gegenwartsliteratur. Schreibweisen nach der Postmoderne?*[8] è che la definizione della nuova espressione drammaturgica, dopo gli esperimenti postmodernisti conclusisi alla soglia del nuovo millennio e assorbiti nella lunga stagione del teatro post-drammatico, fatica a trovare una propria stabilizzazione tramite segni distintivi chiaramente classificabili. Questi si traducono piuttosto in "sintomi socio-culturali" grazie ai quali è possibile riconoscere la tendenza a una continua trasformazione del mondo e, con esso, dei temi che urge portare in scena. Non stupisce, dunque, che Weber consideri *Der goldene Drache* come una *pièce* paradigmaticamente «neodrammatica»:

> La *pièce* sembra determinata in senso postmoderno grazie alla rappresentazione caleidoscopica, che illumina fuggevolmente i più diversi scorci di vita, grazie alla frammentazione dell'azione in singole scene, l'ulteriore integrazione di testi secondari che partecipano alla struttura del testo principale [...], le grottesche esagerazioni e i mutamenti repentini in una dimensione surreale [...].
> Tuttavia, la stringente linearità delle stringhe di azione che si sviluppano in parallelo, i loro esiti, che si definiscono per ampi tratti lungo un'asse causale, così come la presenza di una meta-narrazione, che deriva da tutte le storie che

---

dei limiti spazio-temporali" comune al teatro post-drammatico e al neorealismo; cfr. C. Bähr, *Der flexible Mensch auf der Bühne. Sozialdramatik und Zeitdiagnose im Theater der Jahrtausendwende*, Transcript, Bielefeld, 2012, p. 67.
8 B. Krumrey, I. Vogler, K. Derlin (Hrsg.), *Realitätseffekte in der deutschsprachigen Gegenwartsliteratur. Schreibweisen nach der Postmoderne?*, Winter, Heidelberg, 2014.

si confrontano con la parabola, indicano che ci si trova oltre le funzioni postmoderne dell'alienazione e della frammentazione.[9]

Il testo ritorna, dunque, ad avere una funzione portante, mentre Schimmelpfennig punta ad ottenere un effetto alienante per mezzo di stratagemmi diversi, come i repentini cambi di scena o la metamorfosi delle figure recitanti, che passano da un ruolo all'altro.

Nel testo di Weber è palpabile lo smarrimento di fronte alle contraddizioni categoriali che ascrivono ora l'una, ora l'altra tendenza drammaturgica, a una corrente. Per Schimmelpfennig sono ancora riconoscibili delle contaminazioni con il teatro postmoderno (data la sua ampia accezione), così come di incursioni nel Surrealismo e, talora, nell'Iperrealismo. Regia, soluzioni sceniche e luogo della rappresentazione sono peraltro fattori che influenzano innegabilmente l'interpretazione del testo scenico. Come siano radicalmente opposti i commenti rispetto a una messa in scena avvenuta in due teatri diversi e di fronte a un pubblico che comunque reagisce sulla base dell'esperienza locale di repertorio e della propria preparazione culturale è dato accertare prendendo a campione tre recensioni di *Das Reich der Tiere*. Michaela Preiner commentava con una nota agrodolce in data 1 marzo 2015 in «European Cultural News», dopo la rappresentazione presso il *Wiener Akademietheater*, che

> ciò che resta è la consapevolezza che il teatro contemporaneo non deve essere necessariamente equipaggiato in un senso altamente intellettuale, ma che si possa anche ridere. Alleggia tuttavia la domanda se si debba per forza mettere in scena [questo tipo di drammaturgia; E.A.] in quei teatri in cui il pubblico è generalmente abituato a un cibo più raffinato.[10]

Irati sono invece i toni di Kai Krösche, che qualche giorno prima, il 28 febbraio 2015, scriveva una lettera aperta a Schimmelpfennig, accusandolo di aver svilito e tradotto in una farsa il grave problema che affligge gli attori, frustrati dal pessimo trattamento economico e spesso "precarizzati" a vita. Introdotta da una premessa e suddivisa in cinque punti (*Quale chance*, *Timori e preoccupazioni reali*, *Per giungere direttamente alle cause*, *In*

---

9 A. Weber, *Nach der Postdramatik. Roland Schimmelpfennigs Der goldene Drache als paradigmatisches Drama einer Neodramatik*, ivi, pp. 179-200, qui pp. 194s.
10 M. Preiner, *Das grausame Leben am Theater*, 2015, URL: https://www.europeancultural-news.com/das-reich-der-tiere-akademiethater/10144/, p. 3 (ultima consultazione 1 ottobre 2017).

costumi da Ketchup e Toast, Perché teatro), la lettera di Krösche culmina in un atto di accusa rivolto all'autore:

> Proprio Lei, con la Sua reputazione, avrebbe avuto la possibilità di fare una dichiarazione pubblica e di non svilire questa produzione, riducendola a un'ulteriore *pièce* generica da teatro di città, avrebbe potuto imporre delle presenze in scena non convenzionali (anche nell'*Ensemble* del *Burgtheater* esistono individui che aspirano spasmodicamente a comparire sulla scena dello *Akademietheater*), avrebbe potuto avere il coraggio di non far rivestire i ruoli dalle solite star e avrebbe potuto evitare di realizzare un'opera drammaturgica in cui si critica a buon diritto la realtà, ma allo stesso tempo si affermano (sicuramente in modo involontario, ma non per questo in misura minore), ancora una volta, nella sostanza, le stesse gerarchie e strutture ormai consolidate, partendo dai mezzi di produzione di cui dispone.[11]

Cambiano il teatro e la regia, ma non il tono indignato, nel commento di Eberhard Spreng di alcuni anni prima, che dopo aver assistito nel settembre del 2007 alla rappresentazione, scriveva per il *Deutschlandfunk*:

> Roland Schimmelpfennig è sicuramente il drammaturgo contemporaneo di maggior successo. Al *Deutsches Theater* di Berlino è stata rappresentata per la prima volta la sua nuova *pièce*: un'opera teatrale sugli attori e sulla loro misera condizione. Nella messa in scena di Jürgen Gosch la *pièce* risulta stridente e sgradevolmente urlata. Allo stesso tempo, fa soprattutto un effetto estremamente comico, naturalmente per quelli che amano questo tipo di comicità.[12]

Fa brevemente il punto sulla natura del teatro di Schimmelpfennig un articolo di Franziska Schößler e Hannah Speicher,[13] in cui si parla di una forma di «nuova scrittura del Realismo» nella quale domina il rapporto tra famiglia e lavoro. Da un punto di vista progettuale, il teatro di Schimmelpfennig, come quello di altri autori quali Dea Loher, Anja Hilling e Falk Richter, ha lo scopo di "far saltare" la logica operativa delle compagnie stabili dei teatri di città tedeschi, inserendo nuovi elementi attoriali e

---

11 K. Krösche, *Lieber Roland Schimmelpfennig*, 2015, URL: https://nachtkritik.de/index.php?option=com_content&view=article&id=10628:2015-, p. 2 (ultima consultazione 1 ottobre 2017).

12 E. Spreng, *Das Reich der Tiere*, 2007, URL: http://www.deutschlandfunk.de/das-reich-der-tiere.691.de.html?dram:article_id=50921, p. 1.

13 F. Schößler/H. Speicher, *Statistiken, Stücke und (West-Ost) Debatten: 1995 im Theater und Drama*, in H. Tommek, M. Galli, A. Geisenhanslüke (Hrsg.), *Wendejahr 1995. Transformationen der deutschsprachigen Literatur*, de Gruyter, Berlin, Boston, 2015, pp. 300-317, qui pp. 304s.

un gusto recitativo del tutto innovativo, anche se, come si è visto nel parere di Krösche, è evidente il ricorso a soluzioni logistiche più "tradizionali".[14] Schimmelpfennig scardina, tuttavia, ruoli e abitudini drammaturgiche a tal punto che in *Der goldene Drache* il ruolo dei cinque personaggi "asiatici" è interpretato da attori europei e che la parte del giovane cinese può essere assegnato a un'attrice. Dunque il "neorealismo" si gioca sul terreno della globalizzazione sociale non solo facendo interagire le diverse culture, ma testando la commistione dei popoli sul terreno dell'interscambiabilità del loro status identitario nell'esperienza quotidiana.

Resta aperto il problema, che però interessa soprattutto una critica sempre in cerca di formule definitorie definitive, di come caratterizzare l'opera di Schimmelpfennig. Danjela Kapusta aggiunge un ulteriore tassello al panorama già molto variegato delle opinioni sulla sua drammaturgia: "drammatico" e "antidrammatico" a un tempo, il minimo comun denominatore delle opere dell'autore tedesco è certamente il principio di conflittualità, al quale si aggiunge un'evidente tendenza a inserire elementi "fantastici".[15] Con ciò risulta chiaro che l'inesausto sperimentare di Schimmelpfennig sul terreno del sociale non trova un parametro di riferimento stabile né, probabilmente, potrebbe trovarlo – per fortuna dell'arte e per scomodità della critica – in futuro.

---

14   *Ibid.*
15   D. Kapusta, *Personentransformation: zur Konstruktion und Dekonstruktion der Person im deutschen Theater der Jahrtausendwende*, Herbert Utz Verlag, München, 2011, pp. 80-98.

IL QUADRIFOGLIO TEDESCO

Collana diretta da Karin Birge Gilardoni-Büch e Marco Castellari

Comitato scientifico
Eva Banchelli, Marco Castellari, Karin Birge Gilardoni-Büch,
Micaela Latini, Daniela Nelva, Michele Sisto

LETTERATURA CONTEMPORANEA

- Grete Weil: *Mia sorella Antigone*. Romanzo, 2007
- Peter Weiss: *Inferno. Testo drammatico e materiali critici*, 2008
- Selma Meerbaum-Eisinger: *Non ho avuto il tempo di finire. Poesie sopravvissute alla Shoah*, 2009
- Volker Braun: *La Storia incompiuta e la sua fine*, 2011
- Volker Braun: *Racconti brevi*, 2011.
- Friedrich Christian Delius: *La ballata di Ribbeck*, 2011
- Urs Widmer: *Top Dogs. Manager alla deriva*, 2012
- Arno Schmidt: *Leviatano o Il migliore dei mondi*, 2012
- Christine Wolter: *Come in sogno. Passeggiate berlinesi*, 2015
- Roland Schimmelpfennig: *Il regno degli animali*, 2018

STORIA, CULTURA, SOCIETÀ

- Jana Hensel: *Zonenkinder. I figli della Germania scomparsa*, 2009
- Ulrich Mählert: *La DDR. Una storia breve 1949-1989*, 2009
- Walter Kempowski: *Lei lo sapeva? I tedeschi rispondono*, 2010
- Hatice Akyün: *Cercasi Hans in salsa piccante. Una vita in due mondi*, 2010
- Wladimir Kaminer: *Non sono un berlinese. Una guida per turisti pigri*, 2013
- Wladimir Kaminer: *Niente Sesso: Eravamo socialisti. Miti e leggende del secolo scorso*, 2014
- Elettra de Salvo, Laura Priori e Gherardo Ugolini (a c. di): *Italoberliner. Gli italiani che cambiano la capitale tedesca*, 2014

SAGGISTICA

- Tiziana Gislimberti: *Mappe della memoria. L'ultima generazione tedesco-orientale si racconta*, 2008

– Daniela Nelva: *Identità e memoria. Lo spazio autobiografico nel periodo della riunificazione tedesca. Stefan Heym, Günter de Bruyn, Heiner Müller, Günter Kunert,* 2009
– Micaela Latini: *La pagina bianca. Thomas Bernhard e il paradosso della scrittura,* 2010
– Maurizio Pirro, Luca Zenobi (a c. di): *Jugend. Rappresentazioni della giovinezza nella letteratura tedesca,* 2011
– Liza Candidi: *Spazi di memoria nella Berlino post-socialista,* 2013
– Maurizio Pirro, Luca Zenobi (a c. di): *Costruzione di un concetto. Paradigmi della totalità nella cultura tedesca,* 2014
– Igor Fiatti: *La Mitteleuropa nella letteratura contemporanea,* 2014
– Pasquale Gallo, Maurizio Pirro e Ulrike Reeg (a c. di): *Requiescere noctem. Forme e linguaggi dell'ospitalità. Studi per Domenico Mugnolo,* 2015
– Francesco Aversa: *La torre, l'atlantide e l'inferno. Miti e motivi nella recente letteratura tedesco-orientale,* 2015
– Stefania Sbarra; Roberta Malagoli (a c. di): *Conversione dello sguardo e modalità della visione in Heinrich von Kleist,* 2015
– Maurizio Pirro: *Piani del moderno. Vita e forme nella letteratura tedesca del 'fine secolo',* 2016
– Sandra Paoli, *L'Occidente transculturale al femminile. Emine Sevgi Özdamar, Rita Ciresi e Yasemin Samdereli,* 2018
– Raul Calzoni (a c. di): *La circolazione del sapere nei processi traduttivi della lingua letteraria tedesca,* 2018
– Matteo Galli: *A morte Venezia e altri saggi sul cinema,* 2018

DaF / didattica della lingua tedesca

– Marita Kaiser: *Text-Produktion,* 2008
– Paola Lehmann: *Schritt für Schritt in die deutsche Sprache,* 20082
– Bettina Klein: *Dieci ricette per un tedesco al dente. Grammatica contrastiva: livello intermedio (B1),* 2008 – Seconda edizione riveduta e ampliata 2010: *Undici ricette per un tedesco al dente*
– Marita Kaiser (a c. di): *Generation Handy. Wortreich sprachlos? / Generazione telefonino. Tante parole nessuna lingua?,* 2009
– Ivica Kolecáni Lencová e Regine Nadler: *39 Tests zum Leseverstehen für die Niveaus A2-C1. Mit Lösungen,* 2015

Fuori collana

– Harry Kessler: *Viaggi in Italia,* 2013
– Walter Hasenclever: *Antigone,* 2013
– Heinrich Heine: *Poesie scelte,* 2016

*Finito di stampare
nel mese di maggio 2018
da Digital Team - Fano (PU)*